AF171518

WIDMUNG

Mein Freund. Ich schrieb dieses Buch, um Dir zu helfen.
Und es klappte. Deine Ex-Freundin ist Vergangenheit.
Durch dieses Handbuch hattest Du wieder Erfolg.

Drum gehört dieses Buch auch all denen,
die ihr Leben nicht länger nur träumen,
sondern beginnen, es zu leben!

ANMERKUNG

Als Frau kannst Du diesen Ratgeber natürlich auch lesen.
Einiges wird Dir sicher ziemlich bekannt vorkommen,
anderes wird gänzlich neu für Dich sein.

Da dieses Buch für Männer geschrieben wurde,
kannst Du hier sicher viel darüber erfahren,
wie wir Kerle so ticken!

Originalausgabe

1. Auflage 2016

© 2016 Lucius Menke, Lüneburg

Herstellung und Verlag: BoD - Books on Demand, Norderstedt

ISBN: 978-3-7392-1342-2

INHALT

VORWORT

Der virtuelle Verführer   6-7

EINLEITUNG

Du wirst Dich verändern   8-9
Deine Erfahrungen   10-11
Dein Status   12

DEINE MISSION

Was Du willst   13
Eine feste Beziehung   14
Einmalige Sachen   14
Freundschaft +   15
Immer mehr Singles   15

ONLINE-DATING

Das Werkzeug des Meisters   16

DIE BESTEN KOSTENLOSEN APPS & WEBSITES

Tinder   17
Lovoo   18
POF & OKCupid   19
Finya   20
Knuddels   21

INHALT

WAS DU UNBEDINGT WISSEN MUSST

Frauen sind keine Engel	22
Angst vor Enttäuschung	23
Ihr Ruf	23
Männerüberschuss	24
Sie steht auf Ältere	25-26
Die weibliche Psyche	26-27
Ihr Unterbewusstsein	28

WAS SICH JEDE FRAU WÜNSCHT

Das Alphatier	29-30
Die richtige Einstellung	31-32
Charisma Kommando	33-34
Gemeinsame Interessen	35-36
Deine Optik	37-38
Die richtige Musik	39-40
Ein paar Stichpunkte	41-42

DEIN DATING-PROFIL

Anmeldung	43
Usernamen	43-44
Die Fotos	45-46
Beschreibung / Motto	47-48
Was Du suchst	49-50

WIE ES BEI DIR LAUFEN KÖNNTE

Players (Only Love You When There Playing)	51
One More Time	52
L'Amour Toujours	52
Die Geschichte meines Freundes	53-55

INHALT

EINE STRATEGIE ZUM ERFOLG

    Die erste Nachricht   56-58
    Der Gesprächsverlauf   59-62
    Telefonat / Sprachnachrichten   63-64
    Euer Treffen   65-72
    Bald gehört sie Dir   73-75

ÜBUNG MACHT DEN MEISTER

    Abfuhr? Na und!   76-78
    Arbeite an Dir   79
    Glaubenssätze   80
    Do Your Thing   81
    Absolute No-Gos   82

ÜBER DIESE GESELLSCHAFT

    Noreia - ein Hilferuf   83
    Die Cybergesellschaft   84-87
    Verhaltensunterschiede   88
    Geschlechterrollen   89

DANKSAGUNG   90

ÜBER DIESES BUCH   91

ÜBER DEN AUTOR   92

VORWORT

DER VIRTUELLE VERFÜHRER

In der heutigen Zeit fällt es vielen Männern schwer, auf fremde Frauen zuzugehen und sie locker anzusprechen. Das ist ja auch nicht so leicht! Vielleicht hat sie einen Freund? Und damit meine ich Männer jeden Alters. Doch gerade bei den jüngeren Herren der Schöpfung fehlt es oft an der nötigen Erfahrung im Umgang mit dem schönen Geschlecht. Das breite Grinsen im Gesicht fehlt und weicht in Richtung Unsicherheit. Langsam versinkt man im Boden und schafft es nicht, wieder an Land zu gewinnen. Das für das Ansprechen einer Frau nötige Selbstbewusstsein ist zu gering. Die Angst vor Ablehnung, einer peinlichen Blamage und der Enttäuschung in Form eines Korbes ist hingegen einfach viel zu groß.

Was früher das Normalste und das Schönste der Welt war – das Erobern einer Frau (ok, sagen wir eines der schönen Dinge im Leben), stellt sich heutzutage als ein großes Problem dar. Ja, sogar fast schon als unlösbare Aufgabe. Deshalb gibt es auch unzählige dicke Wälzer zu den Themen Dating und Verführung des schönen Geschlechts. Und es werden immer mehr Bücher. Warum solltest Du als Mann dann gerade dieses kompakte Buch lesen? Weil viele Ratgeber einem recht wenig helfen. Ihre Seiten sind oft nutzlos. Deshalb schreibe ich alles, aber auch alles, was mir bei meinem persönlichen Projekt „Frau" geholfen hat, hier für Dich nieder und bin dabei wahrscheinlich oft zu nah an der Wahrheit. Was Du wissen musst, erfährst Du. Ich bringe es auf den Punkt. Mach Dir also keinen Kopf mehr, denn auch Du wirst schon bald ein erfolgreicher Verführer sein!

Die Gesellschaft hat sich seit dem Siegeszug des Internets in allen Bereichen des täglichen Lebens stark verändert. Heute brauchst Du nicht mehr unbedingt den Mut, Frauen auf offener Straße von einem Treffen mit Dir zu überzeugen. Du musst gar nicht mit Deinem maskulinen, sportlichen Aussehen punkten, um die hübsche Studentin von der Diskothek in Dein Bett zu bekommen. In der Bar überzeugst Du nicht mit Witz und Charme. Du brauchst nur das Internet. Ohne Witz. Du lernst das schöne Mädchen online kennen und lockst es dann zu einem Date. Im Netz bist du weder zeitlich noch örtlich gebunden. Du kannst äußerst effizient und flexibel nach einer geeigneten Partnerin suchen. Alles ist total entspannt. Du wirst Dich wohlfühlen und Dein Selbstbewusstsein steigern können. Denn bevor man die Anderen lieben kann, muss man erst lernen, sich selbst zu lieben. Mit der richtigen Einstellung klappt der Rest dann von ganz allein.

Du und Dein Smartphone - A real Love Story. Allein diese Kombination brauchen wir, um viele verschiedene Frauen in kürzester Zeit kennen zu lernen und sich dann mit ihnen zu treffen. Es ist so leicht. Jeder schafft das, wenn er nur an sich glaubt. Und das Flirten macht Spaß. Du wirst unter anderem erfahren, welche Flirtmöglichkeiten Dir das Web bietet, wie Du diese am besten nutzt, was Du dabei vermeiden solltest und was Du auf jeden Fall tun musst, um bei einem süßen Girl zu landen. Du erfährst also genau das, was Du über Frauen wissen musst, und was sich jede Dame von einem Mann wünscht. Wir werden Dich zu einem neuen, positiveren Menschen machen. Kleine Erfolgsstorys und gesellschaftliche Fragestellungen runden das kritische Gesamtbild ab, welches ich versuche zu zeichnen. Es wäre wirklich dumm von Dir, diese ganzen neuen Möglichkeiten der Partnersuche außer Acht zu lassen. Besorge Dir jetzt ein kühles Bier, nimm Dir etwas Zeit für diese Zeilen und fange an, dieses Leben zu genießen!

EINLEITUNG

DU WIRST DICH VERÄNDERN

Frauen besitzen leider sehr viel mehr Macht über uns, als wir denken. Wir sind uns über ihre Wirkung auf uns oft nicht im Klaren. Sie lassen so manch gestandenen Mann an sich zweifeln und treiben ihn in den Wahnsinn. Es ist ganz normal, dass man Abfuhren bekommt und nicht immer erfolgreich sein kann. Jede Abfuhr ist ein Erfolg, denn Du hast nichts unversucht gelassen. Und das ist die Einstellung, die Du verinnerlichen musst!

Du musst einfach wissen, wie Du beim nächsten Mal das Beste aus der jeweiligen Situation machst und voller Überzeugung und Selbstbewusstsein auftrittst. Denn oft sind die Situationen ähnlich. Und die Frauen reagieren meist identisch auf ein und dieselbe Sache. Was lässt Du also besser bleiben? Aus diesen unnötigen Fehlern wirst Du lernen. Und mit der Zeit entwickelst Du sogar eine Dating-Routine. So leicht wird Dich dann nichts mehr aus der Ruhe bringen können, wenn Du mit diesem Buch durch bist. Es kostet Dich zwar anfangs Zeit und Du brauchst den nötigen Willen, aber Du wirst es schaffen. Du musst am Ball bleiben. Rom wurde auch nicht an einem einzigen Tag erbaut. Den Spruch kennst Du doch?

Alles dreht sich auf diesem Planeten nun mal ums Eine, um diese Sache zwischen Mann und Frau. Nur aus diesem Grund existieren wir. Sex ist der Trieb, der unsere Art am Leben hält. Ohne ihn wäre ein Leben sinnlos. Leben heißt Lieben. Lieben heißt Leiden. Das Leiden ist für viele dann der nötige Ansporn, um etwas im Leben zu verändern. Wer ihr an den Rock gehen will, muss freundlich sein. Und Frauen genießen den Sex genauso wie Männer. Ich behaupte ja, dass sie teilweise sogar um einiges versauter sind als wir. Aber das wirst Du vermutlich bald selbst am besten wissen. Frauen lieben einfach starke und zugleich einfühlsame Männer, die ihnen auf Augenhöhe begegnen und sie ernst nehmen. Was früher alltäglich war, Frauen im realen Leben kennen zu lernen, ist heute leider nicht mehr so selbstverständlich. Es sei denn, Du bist ein absoluter Frauentyp. Wenn Du das jetzt schon bist, brauchst Du meine Hilfe nicht mehr. Schenke das Buch in diesem Fall einem guten Freund, oder empfiehl es ihm.

Aber dann würdest Du jetzt wohl nicht dieses Buch in Deinen Händen halten, oder es als E-Book lesen. Deshalb vielen Dank an Dich. Du bist offensichtlich bereit, an Dir zu arbeiten und Dein Leben in den Griff zu bekommen. Es ist Zeit für Veränderungen. Respekt dafür! Der erste Schritt ist bereits getan. Dieses Buch wird Dir eine große Hilfe im Spiel der Leidenschaft, Lust und Liebe werden und Dich auf dem nicht immer einfachen Weg zum Erfolg begleiten. Du wirst den Olymp erklimmen. Schritt für Schritt. Fangen wir also gleich mit den Vorbereitungen dafür an!

Als erstes geht es nun darum, darüber nachzudenken, was Du bisher so an Erfahrungen mit der Damenwelt gesammelt hast. Es geht darum, Dir klarzumachen, wer Du bist, wer Du womöglich sein möchtest und was für eine Art von Beziehung zu einer Frau Du aufbauen möchtest. Dann schauen wir uns die verschiedenen Apps und Websites zum Online-Dating genauer an. Das sollte für den Anfang reichen, oder? Später steigen wir dann tiefer in die Materie ein und erfahren immer mehr über das schöne, unbekannte Wesen namens Frau. Wie in der TV-Serie Masters of Sex, erforschen wir das weibliche Geschlecht und begreifen langsam das Mysterium, auch wenn ein einfacher Mann niemals zu hundert Prozent eine Frau verstehen wird. Die meisten weiblichen Wesen wissen ja selbst nicht, was sie wollen.

DEINE ERFAHRUNGEN

Als ich damit anfing, dieses Buch zu schreiben, machte ich mir über meine bisherigen Erfahrungen mit Frauen und über die Erfahrungen meiner Freunde Gedanken. Wie viele Körbe habe ich wohl in meinem Leben schon bekommen, beziehungsweise gesammelt? Es waren unglaublich viele! Eigentlich dachte ich ja nicht, dass jemand Hilfe beim Thema Online-Dating benötigt. Schnell wurde ich jedoch eines Besseren belehrt und begann damit, meine Erfahrungen an Männer und Jugendliche weiterzugeben, um ihnen auf die Sprünge zu helfen. Das sprach sich schnell herum.

Als Einzelkind musste ich mir alles erarbeiten und konnte nicht auf die wertvollen Tipps einer Schwester oder eines Bruders zurückgreifen. Also solltest Du später Kinder in diese graue Welt setzen, damit sie wieder erblüht und damit Dein Kind nicht auch ein Einzelkind wird. So bekämpfen wir die anhaltend niedrige Geburtenrate in diesem Land erfolgreich. Ich wusste nichts über Frauen. Aber ich lernte viel von Freunden. Ich sammelte eigene Erfahrungen und flog das ein oder andere mal auf die Schnauze. Denn nur wer sich verbrennt, weiß, wie heiß die lodernden Flammen des Feuers sind.

Was habe ich nicht alles schon erlebt. Wie kam es dazu? Was haben meine Freunde über die Damenwelt erfahren? Ich begann, im Geiste alles erneut zu durchleben. Der Jägermeister half mir bei dieser Reise durch die Zeit genauso wie die Musik. Du solltest nun auch überlegen, wo Du herkommst und was Du bereits über Frauen weißt. Warum ging Deine letzte Beziehung zu Ende? Wie hast Du Frauen bisher erobert? Warum meinst Du, bei den Mädels nicht gut anzukommen? Bestimmt gibt es auch in Deinem Freundeskreis einen Schürzenjäger, den Du um seinen Erfolg beneidest. Was macht er anders? Oder liegt es wirklich nur an seinem

Aussehen? Wie weit würdest Du gehen, um auch ein Herzensbrecher zu werden? Natürlich kannst Du auch der charmante Gentleman sein. Willst Du an Deinem Charakter arbeiten und die Schüchternheit endgültig ablegen? Was willst Du an Dir verändern, um besser bei Frauen anzukommen? Es gibt sicher auch bei Deiner Optik Verbesserungspotenzial. Was würdest Du geben, um Dein Leben auf den Kopf zu stellen? Bist Du wirklich bereit, diesen Weg zu gehen?

Nimm Dir jetzt ein leeres Blatt Papier und führe eine stichpunktartige Liste mit Deinen positiven und Deinen negativen Charaktereigenschaften. Fertig? Gut! Nimm Dir nun ein weiteres Blatt und tue dasselbe mit Deiner optischen Erscheinung. Sei kritisch und ehrlich zu Dir selbst. Was denken andere wohl über Dich? Wie würde eine hübsche Lady Dich wahrnehmen, wenn Du für sie ein komplett Fremder wärst? Was ist positiv? Was ist negativ? Was kannst Du sofort an Dir ändern, was geht nur mit der Zeit? Verlasse Deinen Körper und betrachte Dich mit den Augen einer anderen Person. Wie wirkst Du auf sie? Was findet sie gut? Was geht ihrer Meinung nach überhaupt nicht?

Wahrscheinlich hast Du auf beiden Blättern einige verbesserungswürdige Punkte notiert. Das ist gut. Denn niemand ist perfekt. Niemand kann und sollte perfekt sein. Und nur wer weiß, was man an sich ändern kann, ändert sich auch wirklich. Oft sind es immer die selben Fehler, die wir machen. Häufig gehen Beziehungen immer aus den gleichen Gründen in die Brüche. Oft erwartet der Eine mehr, als der Andere. Häufig verliert der Eine am Anderen mit der Zeit das Interesse. Zu welchem Fazit Du auch kommen wirst, mache Dir klar, dass das nur der Anfang Deiner Reise war. Bewahre dieses Bild als Erinnerung auf. Denn dieses traurige Kapitel ist abgeschlossen. Es gibt noch viele Frauen, die von Dir erobert werden wollen. Ein neues, aufregendes Kapitel beginnt!

DEIN STATUS

Ich nehme jetzt mal kurz etwas vorweg, damit es erledigt ist. Natürlich schaut Frau auch, was Du für einen Status hast. Dein Status ist nicht unwichtig. Hast Du unglaublich viel Geld? Besitzt Du eine extrem teure Uhr? Wohnst Du in einem luxuriösen Penthouse, direkt am Meer? Nicht zu vergessen die riesige Wohnung in den Bergen. Fährst Du einen unendlich geilen 911er und einen R8? Du sammelst Autos, wie Frauen Schuhe! Und jeder Mensch auf der Welt liebt die deutsche Automobilkunst. Wartet eine riesige Yacht in den schönsten Häfen der Welt auf Dich? Bist Du bereits ganz, ganz oben auf der Karriereleiter angekommen? Okay. Du hast also im Leben bereits alles erreicht und kennst die Welt auswendig. Du hast keine Träume und keine neuen Ziele. Dein Portemonnaie reißt jeden Tag, weil einfach zu viele Scheine drin sind. Du bist einfach der geilste Typ auf Erden? Schön für Dich!

Das ist alles Quatsch! Ich lasse diese Punkte bewusst außen vor, da sie nicht wichtig für Deinen Erfolg bei den Frauen sind. Geld, Einfluss und Macht ziehen billige Flittchen an. Vor allem aber Neider und Feinde. Und ohne ihr Geld sind diese Leute nichts. Arme Würstchen. Wirklich wichtig ist nur Dein sozialer Status. Also, ob Du kommunikativ bist, Freunde hast und was Du nach außen hin transportierst. Bist Du ein normaler, sympathischer Typ? In erster Linie musst Du von Dir überzeugt sein. Wenn Du glücklich und zufrieden bist, strahlst Du diese Zufriedenheit auch automatisch aus. Das färbt schnell auf Deine Umgebung ab und die Mädels kommen irgendwann von allein auf Dich zu. Klar, Du kannst auch beruflich erfolgreich sein. Doch Erfolg ist meiner Meinung nach nicht so wichtig, wie Zufriedenheit und Spaß bei der Arbeit. Du musst jedenfalls kein alter, steinreicher Sugardaddy sein. Eine normale, vernünftige Frau wird auf so etwas Widerliches nämlich nicht anspringen!

DEINE MISSION

WAS DU WILLST

Ich schicke Dich auf eine weitere wichtige Mission in die tiefen Abgründe Deiner Seele. Denn bevor Du anfängst, alle Frauen auf dem Planeten Love anzuflirten, musst Du erst einmal selbst genau wissen, was Du überhaupt von den Mädels möchtest. Mach Dir also kurz ernsthaft Gedanken darüber, was Du von den Frauen willst. Natürlich ist Sex immer ein wichtiger Bestandteil einer funktionierenden Beziehung. Es sollte im Bett schon harmonieren. Ansonsten wird die Beziehung auf die Dauer nicht halten und auf der zwischenmenschlichen Ebene wird es kriseln. Das kann doch nicht gut gehen. Make love, not war!

Deshalb sollte Dein Ziel nach den ersten Treffen immer in Richtung Sex gehen. Je nachdem, wie die Frau drauf ist und wie Du es am geschicktesten anstellst. Im Laufe Eures Chatverlaufs macht sie sicher einige sexuelle Anspielungen. Du solltest dieses Thema von Dir aus jedoch meiden. Zumindest wenn Du etwas Ernstes haben möchtest. Warte am besten das erste Treffen ab. Denn dann weißt Du, was möglich ist.

Einige Frauen lassen Dich schon beim ersten Date ran, beziehungsweise rein. Sie werden durch einen kleinen Kuss rallig, wie Nachbars Katze. Kommt alles vor! Andere Frauen öffnen für Dich den Eingang zum feuchten Badevergnügen nach dem dritten oder vierten Treffen. Wieder andere erst nach Monaten oder sogar Jahren. Bei anderen bleibt dieses Tor ins Paradies auf ewig verschlossen. Das könnte dann natürlich auf Dauer extrem frustrierend sein. Vielleicht hilft Dir bei der Überlegung folgendes:

EINE FESTE BEZIEHUNG

Bist Du seit Ewigkeiten Single und möchtest endlich wieder eine feste Beziehung? Liebe entwickelt sich im Laufe der Zeit. Die Gefühle werden immer intensiver. Ihr unternehmt viel, kuschelt auf dem Sofa und fühlt Euch in der Nähe des Anderen einfach wohl. Die große Liebe im Netz zu finden ist nicht ungewöhnlich. Mrs. Right wartet bestimmt schon auf Dich. Auch wenn Du verzweifelt auf der Suche nach der richtigen Frau bist, versuche Dich zu entspannen und nicht krampfhaft nach dieser Einen zu suchen. Das macht es auch nicht besser. Frauen merken dies mit ihren feinen Antennen sofort. Und das ist nicht förderlich für Deinen Erfolg.

EINMALIGE SACHEN

Oder bist Du eher der Typ, der nicht in feste Hände gehört? Du bist frei wie der Wind und hast nur eine Nacht lang Zeit? Ein One-Night-Stand kann aufregend und befriedigend sein. Die sexuelle Anspannung ist dabei wohl kaum auszuhalten. Hier bist Du vielleicht experimentierfreudiger als in einer festen Beziehung. Nach dem Liebesspiel geht ihr wieder getrennte Wege. Ohne viel Gerede kommst Du zum Schuss. Denke bei dieser Aktion auf jeden Fall an ausreichend Munition und Panzerung für Deinen kleinen Soldaten! Das war's dann. Du wirst natürlich viel Zeit und Energie in die Suche nach so einer offenen Frau investieren müssen. Oder es ergibt sich einfach beim Treffen, ohne es vorher zu thematisieren. Immerhin wirst Du zu einem geschickten Verführer. Ein paar Frauen werden sich danach jedoch schlecht fühlen und bei ihrer besten Freundin ausheulen.

FREUNDSCHAFT +

Oder hättest Du vielleicht am liebsten eine Frau für regelmäßige schöne Stunden? Du hättest mit einer Sex-Beziehung nicht mehr den Aufwand immer eine neue Frau finden zu müssen. Natürlich kannst Du Dich während Eurer Freundschaft Plus auch mit anderen Frauen treffen. Du bist ja in keiner festen Partnerschaft und hast ihr gegenüber daher keine Verantwortung. Es gibt viele Frauen, die sich auf eine rein körperliche Beziehung einlassen. Durch die regelmäßigen Treffen kannst Du auf die Wünsche Deiner Gespielin eingehen und neue Höchstleistungen vollbringen. Aktivitäten außerhalb des Schlafzimmers könnt ihr natürlich auch unternehmen. Mit der Zeit wird der Umgang immer vertrauter. Viele Frauen werden diese Romanze zwischen euch nach ein paar Wochen oder Monaten beenden, weil sie sich mit der Zeit einfach nicht mehr gut damit fühlen. Oder sich Gefühle entwickelt haben.

IMMER MEHR SINGLES

Vielen Frauen geht es genauso wie Dir! Es leben nämlich immer mehr Menschen allein. Dieser Trend wird sich in der Zukunft fortsetzen. Gerade in Großstädten gibt es sehr, sehr viele Singles. Viele Mädels sind auch ohne festen Freund glücklich. Zumindest denken sie das eine Zeit lang. Oder sie haben keine Chance, jemanden kennen zu lernen und melden sich deshalb auch beim Online-Dating an. Leider hat das private Glück für die modernen Singlefrauen oft keinen hohen Stellenwert mehr. Der Beruf bedeutet ihnen alles. Beruflicher Erfolg ist gerade bei alleinstehenden Frauen ein Thema. Diese sind an ihrem Arbeitsplatz oft voll eingespannt. Da bleibt dann wenig Zeit für einen festen Partner. Viele Businessfrauen träumen trotzdem von der heilen Welt mit Mann und Kindern.

ONLINE-DATING

DAS WERKZEUG DES MEISTERS

Es gibt unglaublich viele Websites und Apps, die sich um das Thema Dating drehen. Die Auswahl lässt so manchen erst einmal verzweifeln. Grundsätzlich eignen sich kostenpflichtige Plattformen speziell für die Suche nach festen Partnerschaften. Die Profile dort sind sehr umfassend. Diese Dienste werden tendenziell eher vom Publikum ab 30 aufwärts genutzt. Natürlich gibt es auch kostenpflichtige Anbieter für das Casual-Dating. Pfui!

Kostenlose Portale sind vom Umfang etwas reduziert und finanzieren sich durch Werbeeinblendungen, was uns nicht weiter stören soll. Zusatzfunktionen kosten Geld. Diese benötigt man aber eigentlich nicht. Bei den kostenlosen Diensten findet man mit etwas Glück sowohl die große Liebe, als auch die schnelle Nummer. Bei dieser großen Auswahl an Diensten gibt es natürlich einige Marktführer. Diese haben die meisten aktiven Mitglieder. Die kostenpflichtigen Dating-Seiten lasse ich nun aber bewusst außer Acht. Informiere Dich über diese Partnervermittlungen ausgiebig im Netz, bevor Du ein Abo bei solch einem Anbieter abschließt.

In diesem Buch möchte ich mich nur auf kostenlose Services berufen, die einfach und unkompliziert sind. Damit meine ich mobile Apps und Websites. Bei diesen wirst Du Dich schnell zurecht finden und die besten Aussichten auf Erfolg haben. Das hat für Dich zum einen den Vorteil, dass Du sofort loslegen kannst, ohne Geld loszuwerden. Und zum anderen, dass Du Dich gleich bei mehren Portalen anmelden kannst. Auf den nun folgenden Seiten kannst Du Dir einen Überblick verschaffen. Worauf wartest Du also noch?

DIE BESTEN KOSTENLOSEN DATING-APPS

TINDER

Dieses Netzwerk gibt es seit 2012 und hat schnell große Beliebtheit erlangt. Hier tummeln sich permanent neue, hübsche Singles. Zielgruppe sind Frauen und Männer bis ca. 35 Jahre. Du drückst die Profilbilder, die Dir gefallen zur rechten Seite. Wenn Du einer Frau gefällst, tut sie das auch bei Deinem Profil. Und schon habt Ihr ein Match! Jetzt könnt Ihr miteinander schreiben. Hier kommunizieren also nur Nutzer, die die Fotos des Anderen entsprechend ansprechend finden. Tinder ist genial um schnell viele Frauen zu treffen.

Über die Umkreissuche entscheidest Du, in welchem Radius Dir die Damen angezeigt werden. Voraussetzung für die Nutzung der App ist ein Facebook-Profil. Tinder benutzt Vornamen und Alter. Du kannst Fotos von Deinem Facebook-Account auswählen und nutzen. Außerdem kannst Du eine kleine Beschreibung über Dich erstellen. Und über die Gefällt-mir-Angaben von Facebook sieht man vorhandene Gemeinsamkeiten mit anderen Nutzern. Leider stürzt die Anwendung relativ häufig ab und es gibt ein zusätzliches Bezahlmodell, bei dem die Preise altersabhängig sind.

Fazit: gleich ausprobieren

Website: gotinder.com

Ähnliche Apps: Hot or Not, Voo

LOVOO

Lovoo gibt es seit dem Jahre 2011. Bei diesem sozialen Netzwerk aus Deutschland kannst Du neue Leute aus Deiner Umgebung kennen lernen. Hier gibt es ständig neue, attraktive Frauen, die von Dir angeschrieben werden möchten. Wenn Du es nicht machst, macht es definitiv ein anderer Typ!

Die Anzahl an aktiven Nutzern ist riesig. Deshalb gehört diese mobile App auch zu den populärsten. Du kannst hier jedoch, anders als bei Tinder, die süßen Mädels, die Dir gefallen, sofort anschreiben.

Bei dieser App kannst Du in Deinem eigenen Umkreis nach geeigneten Kandidatinnen suchen. Dies geschieht über ein sogenanntes Live-Radar. Treffer werden auf einem GPS-Raster angezeigt. So weißt Du sofort, welche Lady in Deiner Nähe ist. Klingt doch schon mal vielversprechend.

Negativ sind allerdings die oft überfüllten Postfächer der weiblichen Nutzer, die ein Anschreiben dann nur noch als kostenpflichtiges Mitglied möglich machen.

Fazit: sofort testen

Website: lovoo.com

Ähnliche Apps: Badoo, Jaumo, MeetMe

PLENTLY OF FISH & OKCUPID

PlentlyOfFisch (POF) gibt es bereits seit 2003. Diese kanadische Online-Dating-Plattform gibt es als App und als klassische Website. Wenn Du also panische Angst vor dem virtuellen Fischen mit einem Smartphone hast, setzte Dich an Dein Notebook oder an den Rechner. Mit etwas Geduld machst Du reiche Beute. Bis auf wenige Zusatzfunktionen ist POF kostenlos. Besonders beliebt ist dieser Dienst im englischsprachigen Raum, er wird aber auch bei uns bekannter.

OKCupid gibt es seit 2001. Wie bei POF, hast Du die Möglichkeit, App und Website zu nutzen. Bei diesem Tool gibt es viele, zum Teil intime Fragen, die Du öffentlich beantworten kannst. Dies hilft Dir und den Girls bei der Partnersuche, weil die Kompatibilität zu anderen Usern so abgeschätzt werden kann. Besonders häufig gibt es hier Nutzer, die ausschließlich sexuelle Kontakte suchen. Die Frauen sind hier meist sehr offen. OKCupid gibt es größtenteils leider nur in englischer Sprache. Zusatzfunktionen (die wir, wie immer, natürlich nicht benötigen), gibt es auch hier.

Diese beiden Apps sind in Deutschland noch nicht so bekannt wie in anderen Ländern. Aber auch hier gibt es immer mehr Mitglieder. Du kannst Frauen über diese Portale einfach anschreiben. Deshalb probierst Du diese Werkzeuge auf dem Weg zum Verführungskünstler am besten auch aus. Wenn sie Dir nicht zusagen sollten, kannst Du sie immer noch vom Phone verbannen.

Fazit: meine Geheimtipps

Websites: plentlyoffish.com
okcupid.com

DIE BESTEN KOSTENLOSEN WEBSITES

FINYA

DATINGPORTAL-KLASSIKER

Finya ist eine vollwertige, für Frauen und Männer komplett kostenlose Singlebörse. Der Hamburger Anbieter der Online-Partnersuche ist bereits seit 2001 am Markt vertreten.

Diese Partnerbörse verspricht Dir interessante Singles und schöne Treffen mit Nutzern aus Deiner Nähe. Attraktive Damen lernst Du hier spielend leicht anhand der Suche nach einem bestimmten Kilometerradius oder der direkten Ortseingabe kennen.

Die Mitglieder suchen meist eine ernsthafte Beziehung. Hier findet man also durchaus seine Partnerin für das Leben. Man kann das eigene Profil sehr umfangreich gestalten. So darf man sich für sein persönliches Statement bis zu 5000 Zeichen nehmen und kann 100 Fragen über sich beantworten.

Die Registrierung erfolgt per E-Mail und geht wirklich einfach und unkompliziert. Seit 2014 gibt's eine mobile Website für den netten Chat unterwegs.

Fazit: Finya kann mit den teuren Portalen aus der TV-Werbung mithalten

Website: finya.de

KNUDDELS

CHAT-URGESTEIN

Mit dem Community-Urgestein Knuddels.de erschien bereits 1999 dieser große deutsche Online-Dienst. Hier kannst Du in öffentlichen Rooms chatten, flirten und mit anderen Leuten spielen. Es gibt echt viel zu entdecken. Klingt „mit den Anderen spielen" zweideutig?

Lange vor MySpace, den VZ-Netzwerken und Facebook, habe ich hier mit Freunden meine allerersten Online-Erfahrungen gesammelt. Damals in der achten Klasse. Alle hatten ICQ auf ihren Rechnern. Das waren damals echt verrückte Zeiten. Doch auch noch heute ist diese Community einen Besuch wert, da es echt sehr viele verschiedene Chaträume gibt. Natürlich kannst Du ein Mädchen auch direkt privat anschreiben.

Bei Knuddels findest Du neben dem Buttler James zum Beispiel die Lokalrunde mit Leuten aus Deiner Stadt und unzählige Flirt-Rooms mit Mitgliedern aus dem gesamten deutschsprachigen Raum.

Die meisten Mitglieder sind Single und auf der Suche. Darum ist Knuddels in meinen Augen auch eine große, offene Partnerbörse. Du registrierst Dich einfach per E-Mail. Eine App ist auch vorhanden.

Fazit:	für Jugendliche super geeignet, ältere Semester finden leicht Anschluss
Website:	knuddels.de

WAS DU UNBEDINGT WISSEN MUSST

FRAUEN SIND KEINE ENGEL

In meinem privaten Umfeld merke ich immer wieder, wie Männer die Frauen sehen. Sie nehmen sie als Engel oder weibliche Götter wahr, die für sie unerreichbar sind. Dabei machen sich die Männer selbst nieder und so klein, dass sie diese aufregenden Schönheiten niemals angstfrei ansprechen können. Diese Sichtweise auf das weibliche Geschlecht ist absoluter Unsinn. Denn Frauen sind Menschen wie Du und ich. Auch sie sind schüchtern, haben Angst vor Ablehnung und sind unsicher im Umgang mit fremden Menschen. Auch die Damenwelt hat sexuelle Bedürfnisse und ein natürliches Verlangen. Dieses ist mal stärker, mal schwächer. Je nachdem, wie weit sie in ihrem Zyklus sind. Positive Emotionen sind ein wichtiger Teil ihrer Sexualität, ohne diese wird es aller Wahrscheinlichkeit nach nicht zum Akt kommen.

Männer hingegen haben einen stärker ausgeprägten Trieb. Sex und Gefühle sind für sie einfacher zu trennen. Wir können über dieses Thema auch meist offener sprechen, da dies von der Gesellschaft eher akzeptiert wird, als bei den Frauen. Du findest Frauen im Netz, weil sie sich auch nach Liebe und Intimität sehnen. Weil sie jemanden kennen lernen wollen, der zu ihnen passt und bei dem sie sich Mehr vorstellen können. Weil sie nicht alleine sein möchten. Weil sie von Dir genommen werden wollen. Bedenke, dass Du anfangs immer ein Fremder für sie bist und die Frauen mit Dir erst warm werden müssen. Dann ist auch alles möglich.

ANGST VOR ENTTÄUSCHUNG

Viele Frauen haben Angst vor der großen Enttäuschung. Sie haben eine schon fast natürliche Panik davor entwickelt, von uns Männern benutzt, verletzt oder enttäuscht zu werden. Manche Frauen haben deshalb eine feministische Weltanschauung angenommen, um sich so vor der bösen Männerwelt zu schützen. Andere werden sogar gleich lesbisch. Viele Mädels haben durch schlechte Erfahrungen mit den falschen Männern eine Abwehrhaltung eingenommen, die erst mit viel Mühe durchbrochen werden muss. Betroffene haben zwar große Angst vor Nähe, gleichzeitig sehnen sie sich aber nach eben dieser Vertrautheit und Zärtlichkeit. In ihrem Freundeskreis hört Sie immer wieder von Männern, die ihre Freundinnen verarschen. Dieser Schutzschild ist also eine Reaktion auf die vielen Enttäuschungen, die das Leben mit sich bringt. Zudem spielen für Frauen Gefühle eine sehr viel größere Rolle. Ihre Angst ist also legitim. Erwarte nie zu viel von einer Frau.

IHR RUF

Frauen ist es sehr wichtig, in der Öffentlichkeit immer gut dazustehen. Deshalb sind sie ordentlich angezogen, gepflegt, höflich und verhalten sich sozial. In der Schule oder im Studium sind sie meist ziemlich diszipliniert, machen jeden Tag die Hausaufgaben und lernen viel für bevorstehende Klausuren. Girls achten auf die Meinung Anderer. Ein guter Ruf bedeutet ihnen alles. Sie kann deshalb nicht von jedem Mann flachgelegt werden. Das würde für unnötiges Gerede sorgen. Und sie hat Angst, von ihrem Umfeld als Schlampe betitelt zu werden. So, wie die Mädels in ihrem Freundeskreis. Deshalb gibst Du Dich als Gentleman. Als jemanden, der sie versteht und respektiert. Dann zeigt sie sich garantiert gern an Deiner Seite.

MÄNNERÜBERSCHUSS

Nach dem Zweiten Weltkrieg gab es in Deutschland und in den meisten anderen europäischen Ländern kaum junge Männer, da überall extrem viele Soldaten gefallen waren. Viele überlebende Soldaten wurden nach dem Krieg in Arbeitslager verschleppt und kamen dort ums Leben. All diese Männer kehrten nie wieder zurück in die Heimat. Zu Hause fehlte es an der tatkräftigen Unterstützung durch die vermissten, geliebten Söhne und Ehemänner. Dieses Land war zerstört, alles lag in Trümmern. Soldaten und Kriegsgefangene kamen als seelische Krüppel und mit schweren Verletzungen zurück. Das machte ein normales Leben unmöglich. Bedenkt man diese sehr tragischen, erschütternden Lebensumstände der Menschen in der Nachkriegszeit, so wird klar, dass Männer Mangelware waren und ihr prozentualer Anteil an der Gesamtbevölkerung gering war. Mütter versuchten also, ihre Töchter an den Mann zu bringen und zu verheiraten.

In unserer heutigen Zeit gibt es so gut wie überall auf der Welt einen leichten Männerüberschuss. Zu unserem Nachteil. Denn die Damen haben so eine extrem große Auswahl an Verehrern und potenziellen Partnern.

Die Frauen werden zudem von unseren Artgenossen oft aggressiv angegraben und umgarnt. Deshalb müssen wir uns mit allen Mitteln um die Gunst des schönen Geschlechts bemühen. Als Frau kann man sich nämlich vor blöden Anmachsprüchen kaum retten. Ständig wird man in der Diskothek angetanzt. Fremde laden einen auf einen Drink ein und erhoffen sich Sex. Frauen haben es nicht nötig, Männer zu erobern. Ihre versteckten Flirtsignale kommen bei uns oft sowieso nicht an. Frauen verhalten sich meist passiv und warten auf Deine Initiative. Doch da kommt nichts. Deshalb gehst Du abends dann auch frustriert alleine nach Hause.

SIE STEHT AUF ÄLTERE

Es gibt natürlich Frauen, die sich jüngere Männer suchen und total darauf abfahren. Hier fällt mir aber nur ein einziger Bekannter ein. Dieser hatte mit Anfang zwanzig eine 38-Jährige Freundin. Im Normalfall ist man jedoch ungefähr gleich alt. Klar, als Jugendlicher ist es normal, wenn beide gleich alt sind. Doch wenn sie beispielsweise Anfang zwanzig ist, wird sie sich keinen 18- oder 19-Jährigen suchen. In der Regel ist der Mann immer etwas älter als die Frau. Warum stehen viele Frauen auf ältere Männer?

Dies lässt sich schlüssig erklären, im Gegensatz zu vielen anderen Dingen, über die wir noch sprechen werden. Erstmal möchte ich persönlich keine Freundin, die älter ist als ich. So geht es wohl den meisten Männern. Man sagt allgemein, dass Männer im Alter an Attraktivität gewinnen und die Schönheit der Frauen langsam verblasst. Frauen suchen sich aber meist aus dem Grund gezielt ältere Männer, weil diese genau wissen, was sie wollen. Sie haben ein geregeltes Einkommen, können langfristig gesehen, die Frau ernähren und auch für den gemeinsamen Nachwuchs sorgen. Das macht diese Männer zumindest unbewusst attraktiver als gleichaltrige. Denn ihr Unterbewusstsein sucht immer nach Sicherheit und Geborgenheit. Auf diese Versorgerqualitäten legen Frauen großen Wert. Die biologische Uhr der Frauen tickt. Ein älterer Mann ist wahrscheinlich eher dazu bereit, mit ihr eine Familie zu gründen und sich fest an sie zu binden. Zudem sind Frauen den Männern in ihrer Entwicklung meist ein paar Jahre voraus. Ich empfinde ja einen Altersunterschied von ca. 5 Jahren als passend. Ältere Männer wirken interessanter, weil sie über mehr Lebenserfahrung verfügen, selbstbewusster sind und bereits etwas im Leben erreicht haben. Diese Männer lassen sich von einer Frau nicht aus der Ruhe bringen. Sie lassen sich nicht so leicht versklaven und können Ihr zeigen, wie der Hase läuft. Die Frauen wollen einfach, dass der Mann die Führung übernimmt und sich ihnen gegenüber stets stark und selbstsicher verhält. Um die nötigen Erfahrungen dafür gesammelt zu haben, muss der Herr älter sein als die Dame. Mit zunehmendem Alter verschwindet beim Mann außerdem das Bubi-Face und weicht einem maskulinen Gesicht mit Ecken und Kanten. Auch weniger Haare auf dem Kopf empfinden die meisten Damen nicht als Problem. Verlebtheit wirkt eher männlich, weil die zarten, femininen Gesichtszüge verschwunden sind.

DIE WEIBLICHE PSYCHE

Frauen sind launisch, kompliziert, handeln selten logisch, haben immer extrem viel Redebedarf und brauchen ständig Bestätigung und Anerkennung. Nicht selten haben sie Komplexe wegen ihres Aussehens und fühlen sich nicht wohl. Sie finden sich zu dick und vergleichen sich häufig mit anderen Frauen. Trotzdem lieben wir sie und sind verrückt nach ihnen. Aber warum ticken diese sensiblen Geschöpfe so anders als wir Männer? Warum können wir die Frauen und ihr Verhalten nicht durchschauen?

Diese Fragen sind so alt, wie die Menschheit. Trotzdem fällt es uns nicht leicht, mit Frauen locker umzugehen, sie zu verstehen, beziehungsweise zu durchschauen. Seit dem Anbeginn der Zeit dreht sich alles um das Paarungsverhalten von Männchen und Weibchen. Um die Fortpflanzung. Um den Fortbestand des Lebens. Unser Liebesspiel beruht auf den Lebensumständen und Gegebenheiten unserer Vorfahren. Damals waren wir instinktgesteuerte Kreaturen, auf dem Weg, Mensch zu werden. Diese frühen Menschen sorgten sich nur um eins: das Überleben. So mussten sie sich gegen verfeindete Gruppen, wilde Raubtiere, die Natur,

Krankheiten und den Tod behaupten. Frauen sorgten in der Steinzeit für den Zusammenhalt der Sippe. Sie versorgten die Kinder, kümmerten sich um die Schwachen und pflegten die Alten. Das soziale Leben in der Gruppe hatte für sie schon immer die größte Bedeutung. Jedes Mitglied der Gruppe hatte eine Position, die es ausübte. Während ihre Männer auf die Jagd gingen und ihr Leben im Kampf riskierten, sammelten die Frauen Beeren, nähten Felle und kümmerten sich um die Kleinen. Steinzeitfrauen konnten nur in der Gemeinschaft überleben, während Männer tendenziell immer unabhängiger waren. Dieser gegensätzliche Charakter setzt sich bis heute in der Psyche der modernen Frau fort. Deshalb wollen Mädels immer noch unabhängige, selbstbewusste, starke und dominante Alphamännchen. Männer, die Frauen in gewisser Hinsicht unterdrücken können und ihnen den Weg ebnen. Das weibliche Geschlecht sendet gern versteckte Anspielungen und Botschaften an uns Männer aus, die wir nicht immer entschlüsselt bekommen. Doch die Frauenwelt möchte uns die Kontrolle über sich anvertrauen und dominiert werden. Sie selbst strebt nach Harmonie, Ruhe und dem inneren Gleichgewicht. Das Umwerben der Weibchen kennen wir alle aus dem Tierreich. Die großen, prächtigen, bunt geschmückten Männchen wirken auf die Weibchen berauschend, umwerben sie mit ihrem dominanten Verhalten und vertreiben nebenbei noch die anwesende Konkurrenz. Auch moderne Frauen wollen vom Mann umworben und erobert werden. Ab und zu eine kleine Aufmerksamkeit reicht dabei schon. Wichtig ist die Geste. Treue ist für die meisten Frauen nach wie vor sehr wichtig, da sich der Partner ja nur an eine Frau binden soll. Und mit dieser Partnerin gründet er im Idealfall dann auch eine Familie.

IHR UNTERBEWUSSTSEIN

Das weibliche Unterbewusstsein stammt sozusagen aus der Steinzeit. Hier geht es um die Gedanken, Gefühle und Vorerfahrungen, die Sie nicht bewusst wahrnimmt. Damals gab es eine klare Rollenverteilung. Die Aufgabe der Frau war immer gemeinschaftlicher, sozialer und kommunikativer Natur. Ihr Unterbewusstsein sprang auf Männlichkeit, Vitalität, Stärke, Aggressivität, Dominanz und Alphaverhalten an. Denn nur die starken, gesunden Menschen setzten sich durch und gaben ihre Gene an die nächste Generation weiter. Unterentwickelte Beta-Männchen spielten für Frauen keine Rolle, da sie weder Versorger, noch Beschützer sein konnten. Das rationale Verhalten von heute gab es nicht. Alle Entscheidungen wurden instinktiv, aus dem Bauch heraus getroffen.

Die Weibchen der Gruppe waren auf den Schutz der Alphamännchen angewiesen, damit ihr Nachwuchs sicher groß werden konnte. Eine natürliche Selektion finden wir noch heute in der gesamten Natur. Dort können sich nach wie vor nur starke, gesunde Männchen fortpflanzen. Denn ihre Nachkommen haben die besten Chancen, zu überleben. Auch im 21. Jahrhundert ticken Frauen auf diese Art und Weise. Gerade auf der zwischenmenschlichen Ebene hört Frau immer noch auf ihr Bauchgefühl. Auch wenn sie sich nach außen hin gerne emanzipiert, unabhängig und selbstbewusst gibt. Diese Gesellschaft hat sich seit den 1960ern schwer zu unserem Nachteil entwickelt, sie ist fast schon männerfeindlich geworden. Alles nur, weil es keine klare Rollenverteilung mehr gibt. Deshalb musst Du unbedingt in Ihrem Unterbewusstsein fest mit positiven Emotionen verankert sein. Dann kann Sie Dir vertrauen. Bei Eurem Date sollte also möglichst schnell das Eis brechen. Wie man das am besten anstellt und was Frauen eigentlich wollen, erfährst Du gleich.

WAS SICH JEDE FRAU WÜNSCHT

DAS ALPHATIER

Frauen wollen definitiv keinen Kumpeltypen als Partner. Auch keinen Frauenversteher. Und vor allem keinen verweichlichten Softie. Keinen schüchternen Typen, der nur stumm da sitzt und auf den Boden guckt. Keine Labertasche, keinen Stubenhocker. Wie Du weißt, wünscht sich jede Frau einen Beschützer. Wohl einfach auch deshalb, weil Männer körperlich um einiges stärker sind. Harte Schale, weicher Kern trifft es ganz gut. Einen starken Mann an ihrer Seite, der sie vor dem Bösen rettet. Trotzdem ist es wichtig, dass Du auch soziale Kompetenzen zu bieten hast, kooperativ bist und ihr im Alltag Deine Hilfe anbietest. Wenn Du ein plumper Macho bist, wird sie Dich abservieren, genau wie einen verweichlichter Kerl. Die Damen wünschen sich jemanden, der mit anpackt. Du solltest zum Beispiel an Deinem Auto die Reifen selber wechseln können und musst für solche lächerlichen Kleinigkeiten keine teure Werkstatt aufsuchen. Dazu zählen auch ein Glühbirnenwechsel oder der Scheibenwischeraustausch. Ein moderner Alpha-Typ ist kein Macho, der Frauen benutzt und schlecht behandelt. Er ist selbstbewusst, zielstrebig und dominant. Er weiß, was er will und verhält sich dementsprechend. Er ist offen gegenüber Neuem, spontan und tritt sicher auf. Dominanz, Selbstbewusstsein und dieser klare Wille, sein Ziel vor Augen zu haben, zeichnen ihn aus. Zudem wirkt er geheimnisvoll und neigt zum Understatement. Dieses Gefühl nach Sicherheit und Geborgenheit ist seit Ewigkeiten fest in den schönen Köpfen der Frauen verankert und deshalb extrem anziehend am Alpha.

Frauen wollen keinen Typen, der oft unsicher ist und sich nicht entscheiden kann. Keinen, der ihnen permanent nach der Pfeife tanzt und keine eigene Meinung hat. So ein Verhalten ist für Frauen unattraktiv hoch 10! Sei Du selbst. Ganz locker und natürlich. Bereichere das Leben der Frau, indem ihr zusammen viel erlebt und Du ihr so viele unvergessliche Momente schenkst. Sie wird sich schnell in Dich verlieben, wenn sie merkt, dass jeder Tag mit Dir ein Geschenk ist. Mit Dir kann man Pferde stehlen. Du zeigst ihr die Welt, bringst sie zum Lachen und erweist Dich als einen richtig guten Gesprächspartner. Immer wieder lange Gespräche mit einem Mädchen zu führen, die nicht langweilig werden, das können nicht viele Männer. Als Alphatier verhältst Du Dich nicht nur dominant und selbstbewusst, Du trittst auch immer so auf. Deine Körpersprache passt zu Deinem männlichen Verhalten. Du hast eine aufrechte Körperhaltung, suchst den Augenkontakt zu anderen Menschen und bist um kein Lächeln verlegen. Du brauchst regelrecht Kontakt zu anderen Leuten und schaust nicht weg. Auch vor kleinen Berührungen im Alltag, wie einem Handschlag oder einer Umarmung hast Du keine Angst. Deine Familie und Freunde sind Dir wichtig und Du gibst Dich gerne als kompetenten Gesprächspartner für sie. Andere hören Dir gerne beim Reden zu und bitten Dich deshalb auch oft um Rat. Du bist ein Kerl, auf den man sich verlassen kann. Dein handwerkliches Geschick ist zum Beispiel von großem Nutzen für die Damenwelt. Ein Regal aufzubauen, kostet Dich nur ein müdes Lächeln. Denn Frauen wollen Macher, keine Schnarcher. Du stehst zu Deinem Wort und lässt niemanden im Stich. Du bist loyal. Dein Herz schlägt sprichwörtlich am rechten Fleck.

DIE RICHTIGE EINSTELLUNG

Frauen stehen auf Männer, die wissen, was sie wollen. Sie sind verrückt nach selbstbewussten, dominanten Männern mit Charakter und Ausstrahlung. Schreibe Dir das unbedingt hinter die Ohren, lerne es auswendig und denke ab jetzt immer daran! Es ist eine total wichtige Erkenntnis über das weibliche Geschlecht. Denn Frauen brauchen immer Sicherheit und Geborgenheit, auch wenn es nur um eine Affäre geht. Du hast ja schon eine starke Schulter und bringst so langsam das nötige Wissen im Umgang mit den Frauen mit. Es gibt einfach bestimmte Knöpfe, die man drücken muss. Andere darf man auf keinen Fall betätigen!

Auf gar keinen Fall darfst Du zu nett, zu zuvorkommend und zu kumpelhaft auftreten. Diese freundschaftliche Schiene, auf die sie Dich schnell stellt, führt Dich nur auf das Abstellgleis. Deshalb darfst Du ihr auf keinen Fall jeden Wunsch erfüllen, immer zur Verfügung stehen und so zu ihrem Bimbo verkommen. Du gibst den Ton an und sagst ihr, worauf Du Lust hast und was ihr beim Date machen wollt. Nicht andersrum. Unser Ziel ist es, von der Frau als richtiger Kerl wahrgenommen zu werden, der sein eigenes Ding durchzieht und nicht zu nett ist. So müssen wir keine Angst haben, wieder nur auf freundschaftlicher Basis mit ihr in Kontakt zu bleiben. Wie die meisten Männer, bin auch ich hier schon oft gescheitert und verzweifelt. Auf einmal ist man im falschen Film. Oft ist es nicht leicht, den Spagat zwischen einem bösen Macho und dem sympathischen Frauenversteher zu meistern. Deshalb verstellst Du Dich nicht und bist bei einem Date genauso locker und normal, wie es immer der Fall ist. Bei Deinen Freunden verstellst Du Dich ja auch nicht künstlich, um ihnen zu gefallen. Du sprichst also mit Deinem alltäglichen Wortschatz, so wie mit Deinen Leuten. Dadurch merkt die Frau, dass Du locker bist und mit ihr ganz normal umgehen kannst und sie kein Wesen aus einer fremden

Welt für Dich ist. Im Gegenteil. Sie zu treffen ist nichts besonderes für Dich. Mach Dich interessant, indem Du zunächst nur wenig von Dir erzählst. Locke sie aus der Reserve. Wenn Du sofort alles preisgibst, verliert sie schnell das Interesse. Bist Du ruhig und schüchtern, leg Dir ein Pokerface zu. Dies gibt Dir die nötige Sicherheit. Selbst der größte österreichische Rap-Musiker aller Zeiten hatte so seine Probleme mit den Ladys. Wenn Du also unsicher und still bist, brich aus diesem Käfig aus. Denn Du weißt genau, so wie es jetzt läuft, kommst Du nicht weiter. Hier gibt es viele gute Methoden. Frage fremde Frauen zum Beispiel nach der Uhrzeit. Du wirst immer eine nette Antwort bekommen. Fange kleine Gespräche mit dem Taxifahrer, dem Bäcker oder der Kassiererin an. Das gibt einem Sicherheit im Umgang mit Fremden und nimmt die Angst, diese Menschen anzusprechen. Melde Dich zu einem Kochkurs an und erlerne ein Musikinstrument. Mache endlich Sport im Verein oder im Studio. Gut wäre es sicher auch, sich in der Tanzschule oder zum Schauspielkurs anzumelden. Gib Dir selbst den nötigen Tritt und verstecke Dich nicht länger zu Hause. Lösche die Festplatte in Deinem Kopf und programmiere den Speicher neu. Es geht! Die richtige Einstellung verinnerlichst Du ab jetzt. Denn der erste Eindruck ist entscheidend und kann Dein Ticket in ihr Herz werden. Du wirst mit der Zeit ganz von allein selbstsicherer und selbstbewusster.

„Jede Chance hab ich verkackt,

jedes mal von Angst gepackt.

Viel zu lange nachgedacht.

Es hat wieder nicht geklappt."

CHARISMA KOMMANDO

Du hast die richtige Einstellung verinnerlicht. Nun geht es um Dein Charisma. Um Deine Ausstrahlung. Darum, wie du Dich verhält und nach Außen hin gibst. Die aufrechte Körperhaltung spricht bereits für einen starken Typen. Frauen lieben zudem Männer, die sie zum Lachen bringen. Lächle deshalb häufig und schau ihr möglichst oft tief in die Augen. Der Sinn für Humor ist Frauen bei der Partnerwahl wichtig. Oft sogar wichtiger als Körpergröße und Aussehen. Zaubere ihr spontan ein Lächeln auf die Lippen – sie wird es Dir danken. Wenn Du sie zum Lächeln bringst, machst Du alles richtig. Lachen setzt nämlich Glücksgefühle frei. Zudem zeugt ein ausgeprägter Sinn für Humor von Intelligenz und Kommunikationsstärke. Natürlich darfst Du keine „08/15 Blondinen-Witze" erzählen, es mit dem Humor übertreiben und Dich zum Kasper machen.

Bedenke, dass es keine allzu langen Gesprächspausen geben sollte und Eure Unterhaltung nicht zu einseitig verläuft. Wenn Du merkst, dass einer zu viel redet, der Andere nur zuhört, ändere die Situation mit einer offenen Frage. Wenn Du Dich traust, ihr eine peinliche Geschichten aus Deinem Leben zu erzählen, merkt sie schnell, dass Du Dich selbst nicht allzu ernst nimmst und auch mal gut über Dich selbst lachen kannst. Du stehst also zu Deinen Schwächen. Das ist mutig. Und das kann sie Dir dann wiederum als eine Stärke auslegen. Versuche nicht, sie künstlich zu beeindrucken und erzähle nicht zu viele lustige, peinliche, verrückte Geschichten. Suche niemals nach Bestätigung. Sei stattdessen mutig und spontan, wenn sich die Situation ergibt. Riskiere etwas, um bei ihr zu landen. Du erzielst bestimmt schnell einen Treffer. So wirst Du definitiv nicht zum Langweiler. Sei nie immer der gleichen Meinung wie Deine süße Gesprächspartnerin. Ja-Sager kommen bei den Damen nicht weit. Wenn Du keine eigene Meinung hast und ihr nicht auch mal Kontra gibst, katapultierst Du Dich ins Abseits. Außerdem bist Du die Trophäe, die erobert werden will und nicht sie. Sie muss Dich als begehrenswert erachten. Du machst Dich an manchen Stellen rar, um interessanter zu wirken. „Der Typ hat was", wird sie sich denken. Frage sie nach ihren Zielen im Leben. Was will sie erreichen? Erkundige Dich nach ihren Träumen und Wünschen. Wo sieht sie sich in 10 Jahren? Sie wird sich Dir öffnen und Dir vieles anvertrauen. Deine positive Energie breitet sich aus, Deine lockere Art fesselt sie. Sei ein aufmerksamer Zuhörer und merke Dir, was sie über sich verrät. Schaue sie immer mit einem freundlichen Gesicht an. Mache ihr kleine Komplimente, sie wird Dich daraufhin garantiert anlächeln. Suche langsam die Nähe zu ihr. Kleine Berührungen sind gerade wichtig am Anfang. So kann sie sich an Dich gewöhnen. Sei zuvorkommend. Wenn es ihr zu viel wird, wird sie Dir das signalisieren. Also keine Angst. Du bist ein wahrer Gentleman. Langsam aber sicher verführst Du sie und machst sie ganz verrückt nach Dir!

"Another sleepless night.

Thinking about you.

Can not close my eyes.

Wish my dream comes true."

GEMEINSAME INTERESSEN

Wenn sie Dir von sich und ihren Hobbys erzählt, suche nach Gemeinsamkeiten. Ihr könnt euch bestimmt stundenlang über diese Leidenschaften unterhalten. So findet ihr schnell neue, für beide Seiten interessante Gesprächsthemen. Interessiert sie sich auch für die Fotografie? Stelle ihr immer offene Fragen, die sie ausführlich beantworten kann. Worüber kann sie lachen? Was mag sie am liebsten? Hat sie ein Haustier? Frauen stehen übrigens total auf kleine, süße Hunde! Spielt sie vielleicht auch Handball? Oder ist sie ein großer Fußballfan? Hat sie auch ein total ausgefallenes Hobby? Ist ja echt verrückt! Diese Gemeinsamkeiten verbinden. Und die Zuneigung wächst. Erzähle ihr von den unglaublichen Reisen und Kurztrips mit Deinen Freunden. Weißt Du noch, wie schön es am Meer war? Beschreibe ihr bestimmte Situationen. Du hast so viel erlebt und gesehen. Diese Geschichten kannst Du ihr super erzählen. Welches Land möchte sie unbedingt bereisen? Du scheinst wirklich unternehmungslustig zu sein und sehr viele verschiedene Interessen zu haben. Du liebst es, die Welt zu entdecken. Ihre Angst, einen Stubenhocker zu treffen, war unbegründet. Was für Musik hört sie eigentlich? Shaked sie ihren Po Freitag Nacht im Club am liebsten zu Black, Latino, House und Elektro? Das hörst Du doch auch so gerne beim Feiern. Fährt sie auch auf progressive Klangwelten ab, in denen sie sich total verlieren kann? Mag sie entspannte Live-Musik in Kneipen und Konzerte? Hat sie Lieblingsbands? Liebt sie Rock und Metal? Mag sie Schlager, 80s, 90s...? Welche Konzerte hat sie schon besucht? Geht sie auf Festivals? Wie auch immer. Versuche, auf keinen Fall abwertend über ihren Geschmack zu urteilen, das wird sie Dir sonst übel nehmen. Das ist jetzt nicht nur auf die Musik bezogen. Deine Fragen können persönlicher werden, wenn Du merkst, dass sie sich wohlfühlt. Stelle ihr keine einfachen Fragen, sondern versuche bildlich zu sprechen. Deine Frage bindest Du in kleine Geschichten ein. So erzeugst du viele Bilder und Emotionen in ihrem Kopf. Frage sie auch nach ihrem Geschmack bei Filmen. Wann war sie denn zuletzt im Kino? Kennt sie Deine Lieblingsfilme? Welche Serien guckt sie mit großer Leidenschaft? Welche Bücher liest sie? Wahrscheinlich sind es meist eher frauentypische Sachen. Trotzdem gibt es bestimmt Schnittmengen. Es gibt nämlich viele Frauen, die auch Serien wie Game Of Thrones oder The Walking Dead gucken. Vielleicht ist ja auch das Kochen ihre Spezialität und es entwickelt sich darüber ein tolles Gespräch. Themen gibt es jedenfalls reichlich. Kennst sie legendäre, genredefinierende Shooter wie Deus Ex, Half-Life und System Shock 2? Hat sie früher mit ihren Freundinnen auch Quake 3 und Unreal Tournament im Netzwerk gezockt? Findet sie die alten Need For Speeds bis hin zu Porsche auch am besten? Unwahrscheinlich! Deshalb rede nicht zu viel über PC- und Videogames, das könnte Dich sonst in ein falsches Licht rücken. Du darfst Dich für sie nicht als speziellen Typen rausstellen, der nur sehr eingeschränkte Interessen hat, mit denen sie nichts anfangen kann. Zu viel über wilde Partys, Alkoholkonsum, geile Frauen, Deine Exfreundin, die Politik mit ihren falschen Propheten und die verlogenen Religionen dieser Welt solltest Du auch nicht sprechen. Auch wenn einem manchmal danach ist, lass es besser.

ANDERE THEMEN FÜR EUER GESPRÄCH:

- Arbeit, Ausbildung, Schule, Studium
- Mode, Lifestyle, Shopping
- Sprachen, Kultur, Kunst
- Landschaften, Natur

DEINE OPTIK

Frauen wollen gewiss niemanden kennen lernen, der ungepflegt ist. Du musst also in Zukunft unbedingt vermehrt auf Dein Äußeres achten, wenn Du eine reelle Chance bei den Damen haben möchtest. Dein Äußeres Selbstbewusstsein spiegelt sich auch in Deiner Haltung und dem Auftreten wieder. Wenn Du übergewichtig und unsportlich bist, empfehle ich Dir, Dich in einem Fitness-Studio anzumelden. Du könntest auch einem Sportverein beitreten. So kommst Du in Kontakt mit anderen Menschen und tust etwas für Dein eigenes Wohlbefinden. Dass Du Dich selbst magst, ist enorm wichtig. Tu Dir, den Mädels und vor allem Deinem Körper unbedingt etwas Gutes. Denn wenn Du mit Deinem eigenen Körper zufrieden bist, wirkst Du automatisch selbstbewusster und bist glücklicher und zufriedener. Frauen finden gut gebaute Männer natürlich optisch sehr ansprechend. Die Optik ist, wie gesagt, aber nur ein Teil des Gesamteindrucks und es gibt weitaus Wichtigeres für die Frauen als einen muskulöser Mann ohne Hirn. Man kann hier relativ einfach tricksen, um ansprechender zu wirken. Frauen finden an Männern die Farbe rot sehr attraktiv. So wirkst Du automatisch anziehend und attraktiver. Ihr Unterbewusstsein verbindet mit Deinem roten Hemd oder Deinem roten Poloshirt nämlich, dass Du stark und männlich bist. Dazu dann noch eine blaue Jeans mit Ledergürtel und dunkle Herrenschuhe. Das sieht doch schon mal gut aus!

Ich habe jetzt mal ein paar Fragen an Dich. Bitte beantworte diese ehrlich. Putzt Du Dir jeden Tag morgens und abends die Zähne? Mundgeruch geht gar nicht. Duscht Du täglich? Benutzt Du ein vernünftiges Deo, oder riechst Du wie ein kleines Stinktier und hast außerdem fettige Haare? Trägst Du ein für Frauen gut riechendes Parfüm auf der Haut? Ein guter Duft bewirkt manchmal wahre Wunder. Jeder Mann braucht deshalb unbedingt sein eigenes Parfüm. Gehst Du regelmäßig zum Friseur? Ein schicker Schnitt ist ein Muss. Frauen mögen gut frisierte Männer. Hast Du einen gepflegten 3-Tage-Bart oder einen Vollbart mit den Essensresten der letzten drei Mahlzeiten darin? Diese Dinge sind normalerweise Kleinigkeiten. Sie sind selbstverständlich und essentiell im Kontakt mit flotten Hüpfern. Dennoch erwähne ich dies zur Sicherheit. Läufst Du wie der letzte Gammler rum und verchillst Dein ganzes Leben zu Hause? Aufgetragene, viel zu große Kleidung geht nicht. Damit ist jetzt ein für alle mal Schluss. Trägst Du Klamotten, die wirklich zu Dir passen und die den Anderen auch gefallen? Zur Not lässt Du Dich mal von einer Verkäuferin beraten. Diese wird Dir gerne helfen und Dir genau erklären, was bei Frauen gut ankommt. Fühlst Du Dich in Deiner Kleidung wirklich wohl? Ein eigener, sicherer Kleidungsstil ist wichtig für das Erscheinungsbild. Dazu zählen natürlich ordentliche, saubere Schuhe. Hast Du eine gerade, aufrechte Haltung? Bauch einziehen, Brust raus. So wirkst Du selbstbewusster. Ich kann es nur immer wieder sagen, diese kleinen Details sind sehr wichtig.

Überprüfe Deine optische Wirkung auf Andere ganz einfach, indem Du sie um eine ehrliche Meinung bezüglich Deines Äußeren bittest. Das gute daran ist, dass Du an Deiner Optik immer arbeiten kannst, wenn Dir ein Punkt noch nicht gefällt. Tune Dein Äußeres!

DIE RICHTIGE MUSIK

Dichter und Denker zerbrechen sich seit jeher den Schädel über das zarte Geschlecht. Sie schreiben voller Hoffnung oder selbstzerstörerischer Verzweiflung und erkunden dabei die Tiefen ihrer eigenen Seele. Ihre Dichtungen verfehlten die erwünschte Wirkung bei den schönen Mädchen nur selten und brachten so manche Frau auf Wolke 7. Ein uraltes Mittelhochdeutsches Liebesgedicht (Verfasser unbekannt):

„Du bist mein, ich bin Dein,

dessen sollst Du gewiß sein.

Du bist eingeschlossen

in meinem Herzen,

verloren ist das Schlüsselein:

Du musst für immer drinnen sein."

Du musst jetzt kein Dichter oder Philosoph werden, aber sei Dir der großen Wirkung der Worte auf Deinen Geist und auf andere Menschen bewusst. Auch ich als Musiker wusste schon früh um die Wirkung von Text und Musik. Es gibt so viele tolle Lieder, die Du mit ihr zusammen hören kannst. Diese Musik versetzt Frauen in die richtige Stimmung, um sich ihnen anzunähern und um sie zu küssen. Der Zeitpunkt kommt bestimmt. Und Dich kann die richtige Musik dazu bringen, mutiger und selbstbewusster zu werden. Und alle Frauen lieben leidenschaftliche, romantische Musik. Mir fallen hier an guten Bands spontan Blink182, Fall Out Boy und HIM ein. Diese sind sicher für einen schönen Abend zu zweit geeignet. Wenn sie natürlich auf Black oder ein anderes Genre steht, musst Du ihr nicht mit Rock kommen.

In der 10. Klasse komponierte ich voller Verzweiflung folgendes Lied für ein unerreichbares Mädchen (2006):

„Verdammt noch mal, ich weiß, dass Du mich liebst.

Du bist doch die einzige, die es für mich gibt.

Unsere Blicke treffen sich, doch ich sage nichts.

Jeden Tag in der Schule, immer in der Pause.

Ich halt es nicht mehr aus, will endlich nach Hause.

Ich überleg mir einen Plan, dann wirst Du erfahrn,

wie sehr ich Dich brauch und es nimmt seinen Lauf.

Doch am nächsten Tag sehn wir uns wieder,

meine Hoffnung geht nieder, ich trau mich nicht,

Dir zu sagen, - ich Liebe Dich.

Ich bin wie ein kleiner Junge, der auf Dich steht.

Ich will Dich ansprechen, doch weiß nicht, wie es geht.

Vielleicht bist Du vergeben, dieses Leben ist hart.

Ich habe Angst vor der Liebe, weil sie mich nicht mag."

EIN PAAR STICHPUNKTE

Da das Aussehen für Frauen nicht das entscheidende Kriterium bei der Partnerwahl ist und viele überaus attraktive Superfrauen von einem Durchschnittsmann erobert werden können, gibt es anbei eine kleine Aufzählung an positiven Eigenschaften, die sich Frauen bei uns Männern wünschen. Kurz und knapp:

- Du hast eine positive Grundeinstellung
- Du bist mit Dir und Deinem Leben zufrieden
- Du machst Dein Ding
- Du verfolgst Deine eigenen Interessen
- Du bist der Mittelpunkt in Deinem Leben
- Du passt Dich nicht künstlich an
- die Meinung anderer über Dich ist Dir egal
- sei frech, direkt, witzig und spontan
- lächle viel, lache oft
- gehe offen auf neue Leute zu
- ziehe Frauen mit Deiner humorvollen und charmanten Art in den Bann
- ein einfaches Hallo „berührt" in der Regel schon
- Dein Äußeres wirkt gepflegt, ansprechend und stilsicher
- Du bist gerne draußen, liebst Ausflüge und Reisen
- Du verbringst viel Zeit mit Freunden und Deiner Familie
- Du unternimmst viel, Langeweile kennst Du nicht
- Du machst viel Sport, bist musikalisch und kannst tanzen
- Du hast immer interessante Geschichten zu erzählen
- Dein Selbstbewusstsein spiegelt sich auch in Deiner Körperhaltung wieder
- Du hast keine Angst vor einem Korb, sondern liebst die Herausforderung

- Du bist männlich, dominant und setzt Dich durch
- Du lässt Dich nicht ausnutzen, oder unterdrücken
- Du bist nicht der notgeile Typ, der sie sofort nach ihren Vorlieben ausfragt
- Du bist ein Gentleman

MERKE:

Du kämpfst nicht um Land und Du entdeckst keine neuen Kontinente. Du unterdrückst natürlich auch keine anderen Länder. Aber Du kämpfst Deine eigene Schlacht um die Zuneigung einer Frau!

Diese Schlacht ist kriegsentscheidend. Einen Sieg können keine Statisten erlangen. Nur Soldaten können auf dem Schlachtfeld der Liebe siegen. Du bist also ein Eroberer. Ein Kriegsherr, dem nichts geschenkt wird!

„Das ist mein Kampf.

Das ist mein Leben.

Bevor die Sonne scheint,

fällt erst der Regen."

DEIN DATING-PROFIL

ANMELDUNG

Die besten mobile Apps und Websites kennst Du bereits. Du weißt, was Mann über das große Mysterium Frau wissen muss und was diese zarten Geschöpfe an uns Männern schätzen. Du hast Dich für die eine oder andere Plattform aus der Übersicht entschieden und bist nun gerade dabei, Dich dort anzumelden. Sehr gut.

USERNAMEN

Während der Registrierung gibst Du meist wichtige Daten, wie Deinen Wohnort, Dein Alter, was Du sucht und einen Nutzernamen ein. Diesen Nutzernamen kannst Du frei auswählen, solange der Name nicht bereits an einen anderen User vergeben ist. Ein richtig gewählter Nickname ist elementar für Deinen späteren Erfolg. Und meist kann man seinen Nick hinterher nicht mehr ändern. Eine komplette Neuanmeldung wäre dann bei Missfallen nötig.

Teilweise sind die Nutzernamen beim Online-Dating langweilig und einfallslos, wie „Marcel123" oder „Nett-1990". Solche Namen sind nichtssagend, neutral und werden das Interesse, Dein Profil aufzurufen, nicht wecken. Abschreckend sind „SchmusebärXL" oder so was wie „Hoffnungslos_31". Prahlerische Nicknamen wie LuxuriösER", „ReicherBengelDeluxe" oder „3er-Fahrer" kommen bei den Damen auch nicht gut an. Teilweise geht es bei den Namen auch einfach nur stumpf zu. Mit diesen Nicks wirst Du nur auf reinen Sexportalen Erfolg haben können: Usernamen wie

„ausdauerndER", „ToyBoy2000", „OnlyFun_Hamburg" oder „Pornojoy69" kannst Du Dir sparen.

Wenn Du einen wirklich guten Usernamen für Dein Profil willst, ist Deine Kreativität gefragt. Denn der Name soll zu Dir passen und Du musst Dich auch mit ihm identifizieren können.

GUTE PSEUDONYME SIND MEIST:

- persönlichkeitsbezogen
  > Treu&Spontan, frech2015, CreativMind
  (nur positive Charaktereigenschaften)

- beschreiben Dein Aussehen
  > greeneyes1, starke_Schulter
  (solange diese positiv ist)

- beziehen sich auf ein Hobby oder eine Vorliebe
  > Snowboarding25, TheMusician, deepbluesea
  (hier kannst Du kreativ sein)

- humorvoll oder flirtbezogen
  > NochWitzigER, NurMitDir, gemeinsam_lache
  (hier solltest Du es nicht übertreiben)

- Musiker, Schauspieler, Fußballer, Tiere, Serien, Filme usw. sind natürlich als Nick auch möglich
  > TheRock2, KafkasTraum21, JonSnow1989
  (achte darauf, dass Dein Nick von Frauen als positiv wahrgenommen wird)

DIE FOTOS

Bevor Du Dein Profil nun mit Leben füllst, solltest Du erst mal richtig gute Fotos von Dir hochladen. Denn die Fotos auf Deinem Profil sind Deine Visitenkarte beim Flirten. Wenn Du keine guten Fotos von Dir hast, bitte Deine Freunde, Dich zu fotografieren. Bei manchen Anbietern müssen die Fotos erst freigegeben werden, was ein bisschen dauern kann. Der erste optische Eindruck zählt auch online. Sogar noch viel mehr, als im realen Leben. Denn wenn Dein Bild der Dame nicht zusagt, sucht sie weiter. Du hast keine zweite Chance. Es ist alles ziemlich oberflächlich, wenn wir ehrlich sind. Das a und o für Deinen Erfolg ist einfach der erste Eindruck. Deine Bilder in Dating-Portalen müssen also möglichst perfekt sein. Bilderlose Profile erhalten 0 bis kaum Nachrichten. Auch wenn Du meinst, Du bist überhaupt nicht fotogen, brauchst Du Fotos. Aber was sind denn bitteschön gute Profilbilder?

Du brauchst mindestens ein Porträtfoto und ein Ganzkörperbild für Dein Profil. Gerne noch ein drittes, welches Dich in Aktion zeigt. Die maximale Anzahl an Bildern liegt in meinen Augen bei 4 oder 5. Du fühlst Dich auf den Fotos sichtlich wohl. Die Fotos müssen relativ aktuell sein und sollen nur Dich zeigen. So wie Du wirklich bist. Das wirkt authentisch. Ein echtes Lächeln/Lachen wirkt einfach total sympathisch und zeugt von großer Lebensfreude. Neige den Kopf leicht nach unten, um Interesse zu signalisieren. Du kannst ihn zum Beispiel auch leicht zur Seite neigen. Kannst Du mit den neuen Bildern Geschichten erzählen? Welche Facetten Deiner Persönlichkeit stellen sie dar? Fotos in der freien Natur werden oft mit Freiheit und Abenteuerlust assoziiert. Bei lustigen Fotos kommt garantiert keine Langeweile auf. Zeige Dich bei Deinem liebsten Hobby, dem Sport oder im Urlaub, das wirkt leidenschaftlich und unternehmungslustig. Fotos mit Tierchen wirken eher fürsorglich. Du kannst auch nachdenklich oder verträumt gucken. Zeige dem Betrachter Dein Leben. Aber bitte keine gekünstelt wirkenden Bilder.

POSITIV

- Dein Gesicht ist deutlich zu erkennen
- Du bist im Mittelpunkt
- Du hebst Dich vom Hintergrund ab
- vielseitige Fotos
- gute Beleuchtung
- gepflegte Optik

NEGATIV

- alte Fotos
- Fotos schlechter Qualität
- mehrere Personen sind zu sehen
- stark bearbeitete Bilder
- Selfies vor dem Spiegel
- Schwarzweißfotos
- Bilder mit freiem Oberkörper
- Bilder in geschlossenen Räumlichkeiten
- Fotos mit Sonnenbrille
- Passbilder
- Bewerbungsfotos
- Angeberei auf den Bildern

BESCHREIBUNG / MOTTO

Nun füllst Du in Ruhe Dein Profil aus. Dann geht es um Dein persönliches Statement. Viele Männer und Frauen machen sich beim Dating erst gar nicht die Mühe, sich eine gute Beschreibung für Ihr Profil auszudenken. Wenn Du hier also nicht gerade einen schlechten Standartspruch a la „Carpe Diem", „YOLO" oder „frag mich, was Du wissen willst" stehen hast, hebst Du Dich bereits von der breiten Masse ab. Und genau das wollen wir, denn Dein Profil soll mit viel Liebe zum Detail erstellt werden. Lieblose, leere Profile, ohne Statement gibt es genug. Mit einer Profilbeschreibung gibst Du der Frau die Möglichkeit, sich ein besseres Bild von Dir zu machen. Du erzählst kurz etwas über Dich und Dein Leben. Natürlich schreibst Du keinen Roman. Eine kurze, einprägsame Beschreibung reicht vollkommen aus. So weiß Frau dann besser, mit wem sie es hier zu tun hat. Durch Dein Statement fällt es ihr leichter, Dich auch mal anzuschreiben. Du machst sie durch Deinen Text neugierig und weckst ihr Interesse. Schreibe etwas aufregendes über Deine Wünsche, Träume, Hobbys, Interessen, Ziele und Deinen Job. Du schreibst etwas Humorvolles über Dich und nennst ein paar Beispiele. Versuche, möglichst bildhaft zu schreiben, damit sie sich in Dich hineinversetzen kann. In Deinem Statement machst Du keine sexuelle Anspielungen, schummelst nicht, oder haust üble Rechtschreibfehler rein. Du sollst auch hier nicht angeberisch rüber kommen. Aber sie soll merken, dass Du ihr viel zu bieten hast und besonders bist. Ein sympathischer Kerl eben, mit dem sie viel Spaß haben kann. Schreibe, was Dir gefällt und womit Du Dich wohlfühlst. Es gibt kein richtig oder falsch. Inspiration kannst Du Dir notfalls auch von anderen Usern holen, wobei Du nicht einfach einen Text kopieren solltest.

DREI BEISPIELE

- Ich bin witzig, humorvoll, kreativ und habe einen tollen Beruf. Nach dem Feierabendbier mit meinen Kollegen gehe ich zum Sport und spiele mit meinem kleinen Hund in unserer großen, hellen Wohnung. Was mir an meiner Seite fehlt? Eine liebevolle Frau, die mit uns spazieren geht!

- Ich bin jemand, der feste Anker im Leben braucht. Dafür tue ich viel. Ich habe einen soliden Beruf und eine schöne, geräumige Wohnung. Gerne hätte ich eine sportliche Partnerin an meiner Seite, die genauso denkt. Wenn Du Dich angesprochen fühlst, würde ich mich über eine Nachricht von Dir freuen!

- Hallo, Unbekannte! Bist Du die Frau, mit der ich am Meer spazieren gehe, die höchsten Gipfel erklimme und beim Picknick auch einfach mal nur die Seele baumeln lassen kann? Hast Du Ziele im Leben, die Du mit jemandem teilen möchtest? Dann freue ich mich auf ein Kennenlernen!

WAS DU SUCHST

Die weltbekannten Pioniere der elektronischen Musik, Kraftwerk, suchten schon Anfang der 1980er nach Computerliebe. Damals begann die Computerwelt, alle Bereiche des Lebens zu verändern. Niemand hätte sich damals allerdings auch nur im Entferntesten erträumt, dass es irgendwann kleine, kompakte, leistungsstarke Minirechner – Smartphones geben wird. Diese Taschenrechner haben mit den großen, klobigen Geräten von damals nichts mehr gemeinsam. Im Cyberspace gibt es natürlich viele Fallen, in die Du tappen kannst. So kann es gut sein, dass sich Deine vermeintliche Traumfrau in der Realität als totalen Flop entpuppt. Denn in der Scheinwelt des Internets kann man sich ganz anders darstellen als man tatsächlich ist. Sind es nun die Fotos, die gar nicht zu der dicken Frau passen, die gerade vor Dir steht, oder ist es diese unheimliche Stille, an die beim Chatten überhaupt nicht zu denken war. Bereite Dich darauf vor, dass nicht jedes Treffen zum Erfolg wird. Misserfolg gehört dazu. Vorsicht vor Fakeprofilen, die Dich auf teure Webseiten locken wollen. Hier gerät man als unerfahrener User schnell in eine Falle. Gib auf Deinem Profil nicht an, welche Art von Beziehung Du suchst, oder wie das liebe Mädchen unbedingt aussehen sollte. Konzentriere Dich besser auf ihren Charakter und ihre inneren Werte, denn der erste Eindruck irgendwelcher Fotos kann täuschen und reicht für eine richtige Bewertung nicht aus. Schreibe keine Frauen an, die älter sind als Du. Ältere Frauen werden meist nicht auf Deine Nachricht reagieren oder Dir nur mitteilen, dass Du zu jung für sie bist.

Du suchst zum Beispiel nach einer humorvollen Frau, mit der Du viel lachen und auch mal eine Runde im Wald joggen gehen willst. So weiß jeder, der das liest gleich, dass sie lustig und sportlich sein sollte. Erwarte nur nie zu viel, damit Du nicht enttäuscht wirst. Oder weil sonst niemand Deine hohen Anforderungen an die

Frauenwelt erfüllen kann. Die Mädels werden außerdem eher abgeschreckt sein, wenn sie einen Katalog an Anforderungen lesen. Es gibt da draußen viele verschiedene Frauentypen, die Du im Laufe Deiner Verführungskarriere bestimmt kennen lernen wirst. Deshalb möchte ich nichts vorweg nehmen, indem ich versuche, Dir diese Frauentypen zu beschreiben. Du musst selbst Erfahrungen sammeln und kannst dann irgendwann schnell einschätzen, was passt und was gar nicht geht. Viele Frauen sind einfach schwierig und wissen selbst nicht, was sie wollen. Wenn Du das merkst, kannst Du den Kontakt getrost abbrechen und Dich auf andere Frauen konzentrieren. Oft stellt sich auch erst bei einem Telefonat oder einem Treffen raus, dass die Frau ein einziger Flop ist. Viele Frauen wollen komischerweise nicht mehr so gerne telefonieren, wie dies bisher der Fall war. Dann bestehe wenigstens auf mehrere Sprachnachrichten.

"This is the way love goes. Let's rock this party.

We can dance all night. Put your hands on my body.

Couse you're amazing. So sweet, so beautiful.

I love your hair, your eyes are magical.

Tonight all your dreams are coming true.

I never thought I find a girl like you.

With you by my side everything feels all right.

Let me love you down the beach under the moonlight."

WIE ES BEI DIR
LAUFEN KÖNNTE

PLAYERS (ONLY LOVE YOU WHEN THERE PLAYING)

1) Keinen Zweifel, ich bin dieser Typ, vor dem jede Mutter ihre Tochter immer gewarnt hat! Wir schrieben ein paar Tage. Sie ist seit längerem Single und wünscht sich einen neuen, festen Freund, weil sie ein totaler Beziehungsmensch ist. Allerdings hatte sie schon mehrere Treffen über diese App. Zum Teil hatte sie auch sofort Sex mit den Männern. Einer hat wohl mal gleich bei ihr in der Wohnung übernachtet, weil er von Außerhalb kam. Mit diesem Wissen küsste ich sie während unseres Treffens leidenschaftlich, meine Hand an ihrer Hose. Beim zweiten Date besuchte ich sie und brachte verschiedene DVDs mit. Nachdem sie einen Film eingelegt hatte, begann sie, mich zu küssen und zu streicheln. Da ich eine Katzenhaarallergie habe, sagte ich ihr am Ende des Treffens, dass das mit uns leider nichts werden könne.

2) Wir schrieben kurz bei der Dating-Plattform und wechselten schon nach ein paar Sätzen zu WhatsApp. Hier erzählte sie mir dann, dass sie nichts Festes sucht und gerade allein in ihrer WG ist. Sie gab mir also ihre Adresse mit dem Hinweis durch, dass sie ein Hochbett habe. Spontan fuhr ich also noch am selben Abend zu ihr. Danach verschwand ich schnell. Sie wollte einfach nur ein wenig Ablenkung von ihrem Ex-Freund und hatte das schon mal so gemacht. So sind sie eben, diese emanzipierten Frauen.

ONE MORE TIME

3) In ihrem Profil stand: „Suche nur unverbindliche Treffen". Wir trafen wir uns am Wochenende in der Innenstadt. Ich kaufte ihr eine Kugel Eis im Becher. Nach wenigen Minuten grinste sie mich frech an und sagte: „Lust hätte ich ja schon!" Also gingen wir in ihre nahegelegene WG. Die Mitbewohner waren zwar zu Hause, dennoch bemühte sie sich in keinster Weise, leise zu sein. Wir trafen uns eine Zeit lang regelmäßig, bis sie die ganze Geschichte beendete.

4) „Ich weiß nicht so genau, was ich suche. Aber Sex beim ersten Treffen kann ich mir nicht vorstellen, falls Du das wissen möchtest.", schrieb sie, als ich sie fragte, warum sie sich bei dieser Plattform angemeldet hat. Wir verabredeten uns nach einer Woche intensiven Schreibens und trafen uns zum Spaziergang am Fluss. Beim nächsten Treffen küsste ich sie und streichelte ihre Brüste. Beim dritten Treffen wollte sie, dass ich mit ihr schlafe. So ging es den ganzen Sommer lang.

L'AMOUR TOUJOURS

5) Ich schrieb sie auf einem Dating-Portal an. Sie schrieb erst Wochen später zurück, da sie sehr selten online war. Deshalb tauschten wir nach einem kurzen Chat dann auch gleich unsere Nummern aus, damit wir mehr miteinander schreiben konnten. Ein ordentliches Mädchen findest Du in der heutigen Zeit selten. Sie hatte noch nie einen richtigen Freund. Von einem Treffen musste ich sie erst überzeugen. Ich konnte ihr die Angst nehmen und wir trafen uns die ersten Male immer an öffentlichen Orten. Langsam begann sie, sich zu öffnen. Wir unternahmen viel. Ihr großes Herz und ihre Bescheidenheit begeistern mich immer wieder.

DIE GESCHICHTE MEINES FREUNDES

6) In meinem Freundeskreis gibt es jemanden, der schon mit 15 Jahren mit seiner Ex-Freundin zusammen kam. Sie lernten sich damals bei einer großen Online-Community kennen und trafen sich dann irgendwann in ihrer Stadt. Sie blieben lange zusammen. Über 9 Jahre. Während dieser Zeit lernte mein Freund keine anderen Mädels kennen. Er flirtete nicht und hatte außerhalb seines beruflichen Umfeldes keinen Kontakt zu Frauen. Vor allem hatte er keine Dates. So konnte er also Null Erfahrungen mit dem weiblichen Geschlecht sammeln. Außer eben mit seiner Wochenendbeziehung. Die beiden trennten 3 Stunden mit dem Auto voneinander. Die erste Liebe zu verlieren, bricht so manchem das Genick. Er konnte einfach nicht ohne sie, warum auch immer. Während der zweiten Hälfte seiner Beziehung ging es meinem Kumpel zusehends schlechter. Sein Selbstbewusstsein war so was von im Keller. Sein Körper stark untergewichtig.

Bis zu dieser Situation auf Mallorca, die ihn endlich wachrüttelte: „Was ist denn mit Dir los? Iss mal was! Du kippst ja um, wenn es windig ist. Kauf Dir mal nen' Burger!", sagte der Türsteher einer Diskothek am Ballermann und griff nach seinem abgemagerten Oberarm. Dieses ehrliche Urteil eines Fremden war Gold wert. So fing er an, sich im Fitness-Studio anzumelden, seine Ernährung zu ändern und Muskeln aufzubauen. Dies gab ihm langsam sein Selbstbewusstsein zurück und die Akzeptanz seiner selbst. Die Trennung ging über mehrere Jahre, da ihm letztendlich immer der Mut fehlte, es zu beenden. Nach der Trennung bat er um meine Hilfe. So begann ich damit, Männer zu coachen und ihnen die Angst vorm Flirten zu nehmen. Durch das Coaching wurde er mutiger und lockerer. Er ging sogar auf Frauen zu und machte allgemein sehr große Fortschritte. Trotzdem fehlte immer noch etwas winziges, um die Angst endgültig hinter sich zu lassen.

Diese tief verankerte Angst konnte nur er selbst sterben lassen. Also schrieb ich dieses Buch, um ihm dabei zu helfen. Ich gab ihm, was ich bis dato geschrieben hatte. Er las dann alles ganz genau durch und verinnerlichte jede einzelne Zeile. Jedes einzelne Wort. Er dachte über alles nach. Bei unserem nächsten Treffen sagte er mir dann: „Du hast so recht, mit dem was Du schreibst! Ich höre Dich mit mir sprechen, wenn ich das lese!". Wir machten bei unserem nächsten Treffen richtig gute Fotos von ihm und meldeten ihn abends gemeinsam bei einem Dating-Portal an. Sein Profil war wirklich 1a. Erste Sahne. Am darauffolgenden Nachmittag schickte er mir unerwartet einen Screenshot von Frauen, die ihn bereits angeschrieben hatten. Unglaublich. Ich konnte es nicht glauben. Diese Mädels im Alter von 20-29 haben ihm geschrieben. Diesem schüchternen 25-Jährigen Typen! Nach so kurzer Zeit! Er hatte nicht eine einzige Nachricht selbst verschickt und ihm schrieben vier hübsche Frauen. Das war ein riesengroßer Erfolg für ihn und auch für mich. Diese Frauen waren von seiner natürlichen Ausstrahlung auf den Bildern und seinem tollen persönlichen Statement begeistert. Er schrieb allen zurück. Nette Unterhaltungen entwickelten sich. Mit einer konnte er sich auch gleich ein Treffen vorstellen. Dieses Mädchen war 21 und studierte irgendwas mit Kunst. Sie schlug ihm dann nach 3 Tagen ein Treffen vor. Er besuchte sie am darauffolgenden Tag in ihrer Stadt. Mein unsicherer Kumpel hatte also nach 9 Jahren sein erstes richtiges Date – weniger als eine Woche nach der Anmeldung. Yeah! Bei dem Date zeigte die Studentin ihm auch ihre Wohngemeinschaft. Kein Mitbewohner war zu Hause. Sie setzten sich auf ihr Bett, tranken was, machten den TV an und redeten stundenlang. Sie redeten über Gott und die Welt. Irgendwann auch über Liebe und Sex. Es lief alles absolut perfekt. Der Körperkontakt wurde immer intensiver. Sie küssten sich voller Leidenschaft. Dann saß sie auf einmal auf seinem Schoß. Mann, muss das geil für ihn gewesen sein! Seine Hände wanderten zu ihren wohlgeformten, großen Brüsten. Er zog ihr das Oberteil aus und öffnete mit einer Hand ihren BH. Ganz professionell. Währenddessen wanderte ihre Hand in seine Hose. Aus Gründen des Jugendschutzes verzichte ich an dieser Stelle auf eine detaillierte Beschreibung der folgenden Ereignisse.

Kommen wir zum Schluss dieser kleinen Geschichte. Mein Freund hatte seit langem endlich wieder ein Date. Er war vorher total aufgeregt und nervös. Er konnte in der Nacht vor dem Treffen nicht schlafen. Er hätte sich nie im Leben erträumt, dass er sich so gut mit einer fremden Frau verstehen wird und auch sofort beim ersten Treffen mit dieser Frau schläft!

MERKE:

Jeder kann Erfolg bei Frauen haben. Auch wenn nicht jedes Date so ein Erfolg ist, wie das von meinem Freund. Jeder. Wirklich jeder kann bei einer Frau landen!

EINE STRATEGIE ZUM ERFOLG

DIE ERSTE NACHRICHT

Du bist der Kerl. Frauen wollen erobert werden. Sie werden Dich selten aus eigener Motivation heraus anschreiben. Deshalb schreibst Du sie ganz gezielt an. Du darfst aber auf keinen Fall einfallslose Standard-Sachen schreiben, wie: „Hey, wie geht's Dir?" Oder: „Hi! Hattest Du einen schönen Tag?" Oder: „Was machst Du?" Die meisten Singles scheitern nicht ohne Grund an der ersten Nachricht. Denn Frauen bekommen jeden Tag Unmengen an Nachrichten. Oft die gleichen. Die meisten davon sind so kreativ, wie oben aufgeführte Beispiele. Deshalb schreiben die Frauen meist nicht zurück. Das Postfach des Absenders bleibt leer. Das der Mädchen hingegen ist voller nerviger Kontaktversuche. Verschicke nicht die selbe Nachricht an mehrere Frauen. Jede Frau ist anders und hat eine individuelle Nachricht von Dir verdient. Sieh Dir als erstes in Ruhe die Profile der Frauen aus Deiner Nähe an. Auch wenn Dich ihre Fotos nicht immer restlos überzeugen, solltest Du ihnen schreiben, wenn Dir das Profil ansonsten gefällt. Was meinst Du? Um von der Frau nicht auch ignoriert zu werden, musst Du eine originelle, persönliche Nachricht entwerfen, die Lust macht, mit Dir zu schreiben und ihr Interesse weckt. Wenn Dir nicht gelingt, ihr Interesse zu wecken und sie Dir quasi unbedingt antworten muss, hast Du verloren. Sie wird Dich tollen Menschen dann nie kennen lernen. Achte penibel auf Rechtschreibung, Grammatik und Co. Fehler im Text kommen beim weiblichen Geschlecht gar nicht gut an. Genauso wenig, wie viele Abkürzungen und immer gleiche Standardnachrichten, die jeder so ähnlich schreibt. Auch auf Smileys solltest Du möglichst ganz verzichten. Denn Smileys wirken in ihren Augen wahrscheinlich unmännlich und verniedlichen alles. Deine Nachrichten sollten nicht zu kurz sein (1 Satz) und nicht zu lang (5 Sätze). Sexuelle Anspielungen und Angeberei gehen auch hier nicht. Vermeide es, ihr sofort einen Spitznamen zu geben und verzichte auf dumme Sprüche. Einfallslose Komplimente kannst Du Dir auch sparen. Sei einfach ehrlich und authentisch. Ein normaler Kerl eben. Mit der ersten Nachricht beginnt Eure Unterhaltung. Selbstbewusst wirken und so tun, als wäre die Nachricht an sie nichts besonderes! Sprich sie direkt mit ihrem Namen an, falls dies möglich ist. Achte auf die kleinen Details in Ihrem Profil. Was verrät sie Dir alles über sich? Versuche, sie nicht zu beeindrucken. Bleibe Du selbst und erzähle auch etwas von Dir. Werde bei Deinen Fragen konkret. Beziehe Dich auf ihre Fotos, Hobbys und andere Angaben. Mache ihr nicht zu häufig kleine Komplimente.

HEBE DICH VON DER MASSE AN NACHRICHTEN AB, INDEM DU:

1. einen persönlichen Bezug zu ihr herstellst und auf sie eingehst,

2. Gemeinsamkeiten findest und Dein Interesse signalisierst,

3. eine offene Frage stellst, damit sie Dir auf Deine Nachricht antworten kann!

ZWEI BEISPIELE

- Hey Annika, auf Deinem Foto siehst Du richtig happy aus. Ich mag Dein freches Lächeln. Wo warst Du da? Ich mache am liebsten in Italien Urlaub, bella vita...

- Hallo Franziska, Du studierst auch Lehramt? Ich mache gerade meinen Bachelor. Wie weit bist Du schon? Lass mal was von Dir hören!

Wenn sie Dir dann antwortet, schreibe nicht sofort zurück. Lasse sie auch etwas zappeln. Hier empfiehlt es sich, so lange zu warten, wie sie Dich warten lies.

SIE ANTWORTET NICHT

Am besten wartest Du ein paar Tage ab. Dann kannst Du es mit einer zweiten Nachricht probieren. Wenn sie dann immer noch nicht will, lass sie. Hinterherlaufen ist unnötig und führt zu nichts. Es ist klar, dass Dir kaum jemand zurückschreibt. So geht es den Anderen schließlich auch. Das hat nichts mit Dir oder Deinem Äußeren zu tun. Es ist einfach ein Fakt, dass Frauen nicht immer jedem zurückschreiben. Sei deshalb nicht traurig. Lass so was an Dir abprallen, es ist eine ganz normale Sache. Du wirst das noch oft erleben, es gehört dazu. Genau, wie eine richtige Abfuhr Face to Face dazu gehört. Umso mehr Nachrichten Du schreibst, umso mehr Antworten bekommst Du auch. Du solltest also schon viel Zeit in die Frauensuche investieren und nicht gleich in den Sack hauen!

DER GESPRÄCHSVERLAUF

Du hast eine Antwort auf Deine Nachricht erhalten. Vielleicht sogar noch von weiteren Frauen? Sauber! Es läuft doch! Wie lange hat es gedauert, bis sie geantwortet hat? Wenn Du sofort zurückschreibst, denkt sie, dass Dein Leben ziemlich langweilig sein muss und Du immer vorm Gerät hängst. Also antworte nicht gleich, auch wenn Du Dich sehr über ihre Antwort freust. Sie hat Interesse an Dir. Gut zu wissen.

DIE ERSTEN NACHRICHTEN SIND ENTSCHEIDEND

Bleib bloß locker, wenn ihr schreibt. Wenn Du hier grobe Fehler machst, wird sie den Kontakt zu Dir sofort abbrechen. Wenn Du Dich jetzt aber gut anstellst, hinterlässt Du einen sympathischen Eindruck. Es zählt also, was Du schreibst. Dann bleibt es auch nicht lange nur beim Schreiben!

Die Arbeit hat gerade erst begonnen. Die ersten Nachrichten müssen sitzen, denn im Moment bist Du noch einer von den vielen Typen, der bei ihr landen will. Führe also auf keinen Fall ein langweiliges Gespräch mit ihr, indem Du sie fragst, wie ihr Tag war, was sie gerade macht, oder wie es ihr geht. Mache es so, wie bei der ersten Nachricht. Nimm Dir genügend Zeit und schreibe Nachrichten, die bei ihr Gefühle auslösen, locker und persönlich sind. Bleibe interessant und wecke ihre Neugierde. Gehe auf sie ein, schreibe über Hobbys, Interessen, Gemeinsamkeiten und stelle offene Fragen. Am besten bleibt ihr für den Anfang bei der Plattform, über die Ihr euch kennen gelernt habt.

INTERESSANT & BEGEHRENSWERT

Du zeigst ihr so langsam, was für ein toller Typ Du bist. Du hast so viele Stärken. Allerdings darfst Du es nicht übertreiben und Dich als beinharten Hund darstellen, der jeden wegklatscht, prahlt und keinerlei Gefühle zulässt. Zeige ihr, dass Du humorvoll, selbstbewusst und dominant bist. Auf Dich ist Verlass und Du lässt niemanden im Stich. Du hast ganz klare Ziele im Leben, bist offen und spontan. Dein Selbstbewusstsein ist groß, Deine Freunde bewundern Dich dafür und suchen oft Rat bei Dir. Du sagst anderen, wo es langgeht. Bei Dir kann Frau sich sicher und geborgen fühlen, weil Du keine Angst vor dem Unbekannten hast und sie sich prima an Deiner Schulter anlehnen kann. Versuche Dich nicht bei ihr einzuschleimen, auch wenn sie Deine Traumfrau sein könnte. Sie ist nur eine von vielen, mit denen Du schreibst. Es geht darum, dass sie nur Positives mit Dir verbindet. Schreibe deshalb nicht über Deine Probleme oder Ängste und frage sie nicht nach ihren Sorgen. Es muss immer alles positiv sein. Erzähle lieber von Deinen unglaublichen Geschichten. Lasse sie auch von sich erzählen. Verdeutliche, dass Du einen vollen Kalender hast. Deine Tage sind voll und Du bist nicht jederzeit verfügbar. Du kennst viele Frauen. Wenn sie weiß, dass es auch noch andere Frauen in Deinem Leben gibt, nimmt ihr das die Sicherheit, die einzige Frau für Dich zu sein. Es macht Dich interessanter und weckt ihren Jagdtrieb, denn sie muss Dich sozusagen erst erlegen. Das Gespräch sollte immer von beiden Seiten aktiv geführt und mit Freude verfolgt werden. Handwerkliche Talente finden Frauen, wie ich bereits erwähnte, wirklich super. Gestern Abend hast Du doch einen Schrank aufgebaut? Findet sie Dich interessant und freut sich immer auf neue Nachrichten von Dir? Dann wird es Zeit für den nächsten Schritt!

ES WIRD PERSÖNLICHER

Bei Frauen braucht es weit mehr, um sich zu verlieben, als bei uns Männern. Nichts läuft ohne ihre riesige Gefühlswelt. Deshalb geht es jetzt darum, persönlicher zu werden und das nötige Vertrauen aufzubauen. Am besten beschreibst Du Deine Storys möglichst bildhaft und benutzt dabei viele emotionale Worte. Denn diese werden positive Gefühle in ihr wecken und zu einer tieferen emotionalen Bindung führen. Zeige ihr Dein Einfühlungsvermögen und mache deutlich, dass Du über Deine Gefühle sprechen kannst. So findet sie bei Dir Trost und kann mit Dir über alles sprechen. Stelle Dich weiterhin positiv dar, sei aber nicht zu offen und sprich nicht über Deine Ängste und Sorgen. Es geht darum, intimer zu werden und über Privates und Tiefgründiges zu schreiben. Du bleibst dabei natürlich weiterhin selbstbewusst, dominant und männlich. Denn wenn Du zu sehr auf Depressiven machst, wird sie Dich nicht mehr als starken Mann wahrnehmen und Du endest in der Kumpelschublade.

Ihr schreibt jetzt schon ein wenig? Sie findet Dich definitiv interessant, ansonsten hätte sie den Kontakt bereits abgebrochen. Um noch persönlicher und vertrauter miteinander zu werden, wechseln wir als nächstes das Medium. Es ist an der Zeit, von der großen Singlebörse mit all ihren Usern wegzukommen und zu einem Messenger zu wechseln. Hier empfiehlt sich WhatsApp. Erwähne dies am besten nebenbei. Schreib ihr einfach, dass Du hier selten online bist und gerne mehr mit ihr schreiben würdest, Du ihr gerne ein Foto aus Deinem tollen Urlaub schicken möchtest, oder, dass Du Dein Profil hier wohl wieder löschen wirst. Ein Messenger auf dem Smartphone von heute ist ja das, was früher die gute alte SMS war. Dann schickst Du ihr einfach ungefragt Deine Nummer hinterher, so muss sie sich nicht erst überwinden, Dir ihre eigene Nummer mitzuteilen.

Es empfiehlt sich unter Umständen für Dich, sich ein zweites Phone anzuschaffen. Diese Nummer gibst Du dann nur Kontakten, die Du über eine Dating-Plattform kennengelernt hast. So hat nicht jede Frau gleich Deine richtige Nummer, mit der sie Dich durch Anrufe und Nachrichten terrorisieren könnte.

Dadurch, dass ihr nicht mehr bei der großen, anonymen Singlebörse mit ihren unzähligen Mitgliedern schreibt, wird es automatisch vertrauter. Ihr kommuniziert jetzt per WhatsApp. Hier hat sie wohl kaum viele Fremde aus dem Netz, mit denen sie so intensiv schreibt wie mit Dir. Eher Familienangehörige, Freunde und Bekannte. Zudem wird ihr Unterbewusstsein denken, dass ihr schon viel länger schreibt und eine engere Beziehung zueinander habt. Schreibe sie nicht immer gleich an, wenn Du siehst, dass sie online ist. Sei besser selbst auch nicht den ganzen Tag lang online verfügbar.

Falls sie definitiv nicht mit Dir wo anders schreiben will, ist das halt so. Schreibe weiter mit ihr bei der Single-Börse und versuche es nach ein paar Tagen erneut. Manche Frauen sind so skeptisch, dass sie auch nach wochenlangem Schreiben nicht zu einem Messenger wechseln möchten. Die kannst Du getrost vergessen. Gut, dass wir besonders durch unsere mobile Apps eine große Auswahl an Beute haben.

Wenn Du denkst, Du hast sie am Haken, wird es Zeit für den nächsten Schritt. Falls Du Dir aber noch nicht ganz sicher bist, ob sie Dich wirklich ernsthaft kennen lernen will:

- schreibt sie Dich auch mal von sich aus an?

- erkundigt sie sich nach Deinem Befinden?

- ist sie neugierig und möchte immer auf dem Laufenden gehalten werden?

TELEFONAT / SPRACHNACHRICHTEN

Das nun Folgende ist nicht unbedingt für ein Treffen erforderlich, ich finde es aber persönlich immer besser, wenn man die Stimme des Anderen schon mal gehört hat. Zudem ist das Telefonieren sehr persönlich und man baut dadurch weiter Symphatie und Vertrauen auf. Komischerweise mögen viele Frauen nicht mehr so gerne telefonieren, wie dies früher immer der Fall war. Als ich jung war, starb Frau 1000 kleine Tode, wenn sie keine Möglichkeit zu telefonieren hatte. Stundenlange Telefonate waren ihr Alltag. Frag sie einfach, ob sie gerne telefoniert. Ist dies der Fall, möchtest Du unbedingt mal ihre Stimme hören. Nicht, dass sie am Ende ein lüsterner alter Sack ist! Hasst sie das Telefonieren, tausche mit ihr kurze Sprachnachrichten. Durch das Telefonat kann man abchecken ob die Chemie stimmt und man sich gegenseitig sympathisch findet. Häufig ist die Frau am Telefon ganz anders als Du sie Dir vorgestellt hast. Rufe sie auf keinen Fall ohne Vorwarnung an. Bereite sie auf den Telefonanruf vor. Die beste Zeit zum Telefonieren ist wohl meist abends, wenn sie zu Hause ist und sich der lange Tag dem Ende nähert. Mache Dir Notizen, eine Art Gesprächsablauf. Eine halbe Stunde für Euer Telefonat sollte ausreichen.

Sie möchte mit Dir telefonieren? Du bist schon so verdammt weit! Sehr gut! Überlege Dir vor dem Telefonat, worüber Ihr sprechen könnt. In Eurem Chat hat sie Dir sicher einiges erzählt, wo man gut nachhaken könnte. Du rufst sie nun also an. Es klingelt. In diesem Moment wird sie wahrscheinlich sehr nervös sein und überlegen, was sie zur Begrüßung sagen soll. Sie geht ran: „Hallo?" Mit freundlicher, selbstbewusster Stimme sagst Du daraufhin etwas wie: „Na Du! Das ist ja schön, endlich mal Deine Stimme zu hören!" Um miteinander warm zu werden, könnt ihr kurz Small Talk führen. Erzähle ihr von Dir, zeige Dich von Deiner besten Seite, aber versuche auf keinen Fall sie beeindrucken zu wollen oder anzugeben. Sprich immer laut und deutlich, auf keinen Fall monoton, leise und gelangweilt. Lächle häufig während eures Telefonats. Stelle ihr offene Fragen, Frauen reden ja von Natur aus gerne, deswegen lasse sie ruhig viel erzählen. Arbeite weiter an Deinem positiven Eindruck und verstärke diesen durch Deinen Humor, Dein Selbstvertrauen und Deine Dominanz. Sei ein guter Zuhörer, indem Du auf sie eingehst und Gemeinsamkeiten suchst. Durch das Telefonat hast Du jetzt ein noch positiveres Bild von ihr, oder Du merkst, dass es mit Euch nicht passen würde.

Das Gespräch läuft? Ihr findet Euch gegenseitig gut? Wenn Du meinst, sie würde Dich bestimmt auch gern persönlich mal kennen lernen, vereinbarst Du ein Treffen mit der schönen Unbekannten. Sätze wie „Du hörst Dich sympathisch an!", oder „Du bist witzig!" sind die nötigen Vorlagen, um sie endlich nach einem Date zu fragen! Frage sie ganz straight und schlage ihr ein Treffen am kommenden Wochenende vor. Wenn sie ja sagt, verabredet Ihr Euch fest. Sei konkret. Wenn sie nein sagt, frage sie, wann es ihr am besten passt. Du würdest Dir dann da extra für sie freinehmen. Wenn sie noch nicht bereit ist, versuche es die nächsten Tage nochmal mit einem Vorschlag. Dann bedankst du Dich für das Gespräch, welches Du jetzt beenden musst. Du musst noch an einer Sache arbeiten oder Du hast noch einen Termin, wie auch immer. Grundsätzlich erwartet Frau, dass Mann sie nach einem Date fragt. Einen Kaffee trinken zu gehen, ist immer eine gute Idee. Das wird jedes Mädchen gut finden.

EUER TREFFEN

Du hast ein Date! Awesome! Es war ein langer, langer Weg und niemand sagte, es wird leicht. Doch Du hast es geschafft! Denn Du bist Dein eigener Meister, Dein eigener Herr. Nur weil Du an Dich selbst glaubst, bist Du jetzt hier. Es gibt keinen Grund, total aufgeregt und nervös zu werden. Sei ganz entspannt. Es gibt nur die große Vorfreude auf das anstehende Rendezvous!

WAS ZIEHE ICH AN?

Letztendlich ist es egal, was Du anziehst. Solange Du Dich wohlfühlst, ist es in Ordnung. Denn das wichtigste ist, dass Du Dich mit Deiner Kleidung identifizieren kannst und sie zu Dir passt. Ziehe einfach Deine Lieblingssachen an, oder gute Freizeitklamotten. Eine schicke Uhr sollte Dein Handgelenk schmücken. Mehr Schmuck brauchst Du nicht. Dunkle Jeans und saubere Schuhe sehen immer gut aus und stehen jedem. Dazu würde ich ein farbiges Poloshirt oder ein langärmliges Hemd wählen. Natürlich kannst Du auch einen Pullover überziehen. Allerdings solltest Du zum Treffen weder overdressed (Anzug und Krawatte) erscheinen, noch mit weitem T-Shirt und Jogginghose. Der erste Eindruck sollte auf jeden Fall möglichst gut ausfallen. Im Idealfall mag sie Deinen Kleidungsstil und Du bekommst sogar ein kleines Kompliment. Frau wird außerdem schnell merken, ob Du auf Deine Körperhygiene achtest und gepflegt bist. Du bist frisch geduscht, Deine Haare sitzen und Du riechst angenehm. Deine Fingernägel sind sauber und kurz geschnitten. Du hast gepflegte Zähne. Auf solche Dinge achten Frauen sehr.

ERWARTUNGEN AN DAS DATE

Beim Dating läuft man Gefahr, von der Person, mit der man sich trifft, enttäuscht zu werden. Sie sieht in echt ganz anders aus als auf den Bildern. Sie verhält sich komisch. Sie wirkt unsympathisch. Die Chemie stimmt einfach nicht. Es passt nicht. So was kommt leider vor. Niemand ist davor geschützt. Gehe trotzdem immer unvoreingenommen an die Sache und gib der Person eine Chance. Wenn es absolut nicht geht, sagst Du nach kurzer Zeit, dass Du leider keine Zeit mehr hast und verabschiedest Dich höflich. Wichtig ist, dass Du von Anfang an nicht zu viel erwartest und das ganze als ein Spiel siehst. Mal hast du Glück, es passt und Du gewinnst den Jackpot. Mal eben nicht. Dann war es trotzdem eine interessante Erfahrung, denn Du hast Dich immerhin mit einer fremden Frau getroffen, auch wenn nichts daraus wurde! Vermeide beim ersten Date Gesprächsthemen wie das Gewicht der Frau, Deine Ex, Krankheiten, Finanzen, den Tod, Politik, Religion, Drogen, Kinder oder Hochzeit.

WANN! DAUER?

Ihr verabredet euch so, dass es für Euch beide zeitlich stressfrei möglich ist. Dies wird in der Regel unter der Woche meistens nur nachmittags und abends der Fall sein. Deshalb sollte man sich ganz entspannt am Wochenende treffen. Trefft Euch möglichst nicht im Dunkeln, denn im Dunkeln wird sie sich womöglich nicht richtig wohl fühlen und ängstlich sein. Vereinbart also idealerweise am späten Nachmittag ein Treffen. Die meisten Verabredungen dauern vielleicht 1 - 2 Stunden. Wie lange euer Date dann dauert und wie weit ihr geht, liegt ganz allein an Euch! Plane eine eventuelle Verspätung durch Stau, Überstunden etc. mit ein. Sei auf jeden Fall vor ihr am vereinbarten Treffpunkt.

Kommst Du zu spät, schreibe ihr das rechtzeitig. So gerätst Du nicht unter zusätzlichen, unnötigen Stress. Sie wird auch pünktlich da sein. Und wenn sie etwas zu spät kommen sollte, ist das keine Absicht von ihr und vor allem nicht böse gemeint. Du darfst Dich deswegen nicht runter ziehen lassen und keine miese Laune bekommen.

WO TREFFEN WIR UNS?

Das entscheidest Du. Frauen wollen von Männern geführt werden. Du planst das Date. Ihr trefft Euch an einem bekannten Ort in der Öffentlichkeit. Falls sie aus einer anderen Stadt kommt, solltest Du sie beim ersten Treffen besuchen. Nur die wenigsten Frauen werden sich darauf einlassen, Dich direkt zu besuchen oder Dich in ihr Reich zu lassen. Du könntest sie zum Beispiel vom Bahnhof abholen, ihr trefft Euch vor einem großen Kaufhaus, im Park oder vor einem Café. Geht ein Eis essen, macht einen kleinen Spaziergang, um die Situation aufzulockern. Geht Ihr dann wirklich etwas essen oder trinken, bestehst Du darauf, die Rechnung zu zahlen. Wenn sie dies dann nicht möchte, hast Du trotzdem bewiesen, dass Du kein Geizhals bist. Bei schlechtem Wetter sagst Du das Treffen von Dir aus nicht ab. Das würde Dich in ein falsches Licht rücken. Du kannst diesen Vorteil sogar ausnutzen, indem sie sich mit unter Deinen großen Regenschirm stellt. Bedenke unbedingt pünktlich zu erscheinen. Gib Dir auf jeden Fall Mühe und lass Dir eine nette Location einfallen. Geht auf keinen Fall ins Kino. Dort starrt Ihr zwei Stunden lang nur die Leinwand an und könnt Euch nicht unterhalten. Auch von einem total romantischen Essen rate ich ab, so weit seid Ihr noch lange nicht. Das kommt, wenn die Funken knistern und definitiv was läuft. Während des Dates könnt Ihr dann auch gerne einmal die Umgebung wechseln. Denn durch eine zweite Örtlichkeit schaffst Du vertrauen und Ihr kommt es vor, als würdet Ihr Euch schon länger kennen. Sie fühlt sich bei Dir bestimmt gut aufgehoben.

DIE BEGRÜßUNG

Du hast eine positive Einstellung und freust Dich auf sie. Bauch rein, Brust raus. Selbstbewusst gehst Du auf sie zu. Egal, wie schrecklich Dein Tag bisher auch war. Nun steht sie endlich vor Dir, um Dich kennenzulernen!

Am besten lächelst Du sie ordentlich an und umarmst sie herzlich. Das schafft von Beginn an Nähe. Mache ihr ein kleines Kompliment. Immerhin hat sie sich nur für Dich so hübsch gemacht. Du musst keine Angst haben, etwas falsch zu machen. Schaue aber immer, wie sie sich verhält und was sich in der Situation anbietet.

Wenn Du sehr schüchtern bist, frage sie einfach, wie sie hergekommen ist, stelle nur offene Fragen, suche Gesprächsthemen aus Eurer aktuellen Umgebung und versuche Dir vor allem eins klarzumachen: „Ich muss jetzt Gas geben! Ich bin soweit gekommen, ich reiße mich jetzt zusammen!"

LET'S TALK

Die ersten Minuten des Kennenlernens dienen dazu, miteinander warm zu werden. Sie kann sich an Dich gewöhnen und hat keine Angst mehr, an einen komischen Vogel geraten zu sein, der ihr womöglich etwas Böses will. Die Aufregung legt sich bald und Ihr werdet schnell lockerer. Wenn Du Dich wohlfühlst, wird sie das merken. Verhalte Dich deshalb so, wie es ein selbstbewusster Gentleman tut. Versprühe gute Laune und sei unbefangen. Denn wenn es Dir gut geht, wird es ihr automatisch auch gut gehen. Hebe Deine positiven Charaktereigenschaften hervor und demonstriere dominantes, selbstbewusstes Auftreten. Dazu gehören natürlich auch die Mimik und die Gestik. Deine Körperhaltung ist offen, entspannt und aufrecht. Halte intensiven Blickkontakt und lächle viel. So sendest Du keine negativen Signale aus und sie sieht Dich als starken Mann. Sei im Gespräch humorvoll und gerne auch etwas frech. Kleine Neckereien locken sie aus der Reserve, Du spielst mit ihr und hast die Kontrolle über sie. Verwirre sie leicht, kläre sie über Deine Späße aber auf. Erzähle aufregende Geschichten aus Deinem Leben und erarbeite Dir weiterhin ihr Vertrauen. Rede von den Sachen, für die Du brennst. Sprecht über die Themen, die Euch begeistern. Höre ihr immer gut zu und merke Dir unbedingt, was sie Dir erzählt. Frage auch mal nach, so demonstrierst Du ihr Deine geistige Anwesenheit. Gib kleine Schwächen zu. Sei auf eine Art und Weise unerreichbar für sie, das findet sie sexy. Fühlt sie sich in Deiner Gegenwart wohl? Dann baue langsam Intimität auf!

MEHR KÖRPERKONTAKT

Du musst unbedingt Nähe aufbauen, damit es weiter in die richtige Richtung mit Euch gehen kann. Ansonsten ist nichts mit „Miteinander verschmelzen" und „zu Einem werden". Komme ihr langsam näher und leite durch kleine, unbewusste, harmlose Berührungen Intimität ein. Gelegenheiten dafür ergeben sich reichlich bei Eurem Rendezvous. Die erste gab es ja bereits bei der Begrüßung.

Berührungen sind extrem wichtig und zeugen von Selbstbewusstsein und Offenheit. Du musst Dich in der ungewohnten Situation wohlfühlen, dann brauchst Du auch nichts zu befürchten. Durch den Körperkontakt überwindest Du ihre Unsicherheit. Wenn Ihr spazieren geht, umarmst Du sie. Oder Du greifst mit etwas Mut nach ihrer Hand. Oder Du legst Deine Hand auf ihren Oberschenkel. Durch eine aufrechte Körperhaltung wirkst du zudem größer. Verschränke nicht Deine Arme, wenn Ihr am Tisch sitzt. Wende Dich ihr zu, denn eine offene, aufrechte Körperhaltung signalisiert ihr natürlich auch Dein Interesse. Taut sie auf und macht Späße? Schubs sie leicht und lächle dabei. Situationen gibt es viele. Körperkontakt mit ihr zu haben ist wichtig, weil es ohne nicht zum Liebesspiel kommen wird.

DER KUSS

Die Nähe wird größer, der Kontakt immer intensiver. Du kannst also mehr riskieren! Überrasche sie mit einem Kuss. Flüstere ihr etwas ins Ohr, küsse anschließend erst ihre Wange und danach ihren roten Mund. Oder reagiere auf eine Frage von ihr mit einem Kuss als Antwort. Es gibt dafür keinen richtigen oder falschen Moment. Tue es, wenn Du es für richtig hältst. Viele Frauen träumen schon immer davon, von einem Mann leidenschaftlich geküsst zu werden, der die Initiative ergreift und sich nimmt, was er will. So wie in den ganzen Liebesfilmen, die sie so gerne gucken und die alle ein glückliches Ende haben. Das zeugt von großem Selbstbewusstsein.

Wenn sie Dich nicht küssen möchte, darfst Du sie nicht unter Druck setzten. Verhalte Dich, als wäre nichts gewesen. Vielleicht ändert sie ihre Meinung bei einem eventuellen zweiten Treffen ja.

DIE VERABSCHIEDUNG

Euer Date geht zu Ende. Seht Ihr Euch wieder? Landet Ihr vermutlich heute noch in der Kiste? Es liegt an Euch. Letzteres ist zwar eher selten der Fall, aber theoretisch immer möglich. Wenn Ihr Euch zum Schluss mit einer Umarmung und einem Lächeln auf den Lippen verabschiedet habt, schreibe ihr nicht noch am selben Tag, dass Du das Treffen schön fandest. Melde Dich erst am nächsten Tag mit einer Nachricht, in der steht, dass Du sie gerne wiedersehen möchtest.

Wenn Du aber den Mumm hast, direkt ein neues Treffen mit ihr zu vereinbaren, tue es unbedingt. Dann am besten gleich bei Dir oder bei ihr zu Hause. Habt Ihr Euch zuvor über das Kochen unterhalten, schlägst Du vor, gemeinsam zu kochen. Wenn Ihr über Deine Lieblingsserie, die sie leider noch nicht kennt, gesprochen habt, lade sie ein, eine Folge bei Dir auf dem Sofa zu gucken. Beziehe Dich einfach auf ein Thema, über das ihr zuvor intensiv gesprochen habt. Wenn Du Deinen Wunsch nach dem zweiten Date dann noch begründen kannst, wird sie dem zustimmen. Mache ihr zwei konkrete Terminvorschläge, wann Ihr euch wiedersehen wollt. Wenn ihr das dann aber doch zu schnell geht, trefft Ihr Euch wieder an einem neutralen Ort. Ist doch kein Problem. Dort baust Du mehr Nähe und Vertrauen auf. Mit der nötigen Intimität klappt es dann auch.

BALD GEHÖRT SIE DIR

Ihr trefft Euch bei Dir oder bei ihr. Du hast es also bald geschafft, denn sie ist generell dazu bereit, den Körperkontakt mit Dir zu intensivieren. Ansonsten würde sie sich nicht auf dieses intime Treffen einlassen. Denn einer fast fremden Person zu zeigen, wie man lebt, kostet viel Vertrauen. Lass Dich nicht aus der Ruhe bringen und bereite Dich auf dieses Date vor. Rechne mit allem. Deine Mühen werden süß belohnt!

ZU MIR ODER ZU DIR?

Egal bei wem Ihr Euch auch trefft, es wird auf jeden Fall ziemlich aufregend werden! Wenn sie zu Dir kommt, musst Du vorher unbedingt Deine Bude aufräumen und insbesondere das Badezimmer gründlich putzen. Dein Bett sollte frisch bezogen sein. Dafür musst Du keine lange Fahrtzeit zu ihr in Kauf nehmen und kannst Dich in den eigenen vier Wänden sicher und vor allem wohlfühlen. Du kannst alles vorbereiten. Ein Damenbesuch bei Dir hätte für sie den Vorteil, dass sie jederzeit wieder verschwinden kann, wenn es ihr zu viel wird. Zudem sind Frauen extrem neugierig und möchten deshalb wahrscheinlich lieber sehen, wie Du so lebst. Hast Du geplant, sie in ihrer Wohnung zu besuchen? Das hat für Dich den Vorteil, dass Du nicht extra alles aufräumen und putzen musst. Zudem kannst Du jederzeit verschwinden, wenn es Dir zu bunt wird. Sie fühlt sich in ihrer eigenen Wohnung wahrscheinlich wohler und ist entspannter, als bei Dir. Ihr Bett ist bestimmt ziemlich bequem. Allerdings musst Du erst mal zu ihr kommen.

ES IST SOWEIT

Umarme sie auf jeden Fall wenn Ihr Euch seht. Oder küsse sie auf die Wange. Dein Lächeln und nette Worte dürfen auch nicht fehlen. Schaut Euch am besten kurz gemeinsam die Wohnung an und setzt Euch danach an den Tisch oder auf das Sofa. Trinkt einen Schluck (zum Beispiel Bier, falls sie wirklich cool ist), um das ganze aufzulockern. Ihr werdet heute Abend bestimmt noch viel reden und viel lachen. Sei dabei weiterhin der unerreichbare, geheimnisvolle Typ und nicht der unsichere Langweiler!

Wenn Ihr gemeinsam einen Film anschauen wollt, sollte dies auf keinen Fall ein zu anspruchsvoller, extrem langer oder sehr brutaler Film sein. Am besten ist immer eine lustige Komödie, bei der Ihr beide viel lachen könnt. Die Handlung des Streifens steht dabei im Hintergrund. Ihr redet während des Films bestimmt viel und kommt Euch näher. Verhalte Dich weiterhin so, wie es ein Verführer tut! Lege Deinen Arm um sie und komme ihr näher. Wenn sie frieren sollte, könntest Du mit ihr unter einer Wolldecke kuscheln. Fühlt sie sich in Deiner Nähe wohl? Sehr gut!

Fange an, sie leicht zu streicheln. Greife nach ihrer Hand. Intensiviere Deine Berührungen langsam. Suche direkten Blickkontakt zu ihr. Schaue ihr tief in die Augen. Was kannst Du sehen? Siehst Du schon das Feuer der Leidenschaft in ihren Augen brennen und dazu den knallroten Mund, deren Lippen leise flüstern: „Küss mich!"? So küsse sie! Küsse sie erst kurz, dann immer leidenschaftlicher. Streichle sie und küsse ihren Hals. Du wirst merken, wie sie es genießt. Dann kannst Du anfangen, sie vorsichtig zu entkleiden. Stück für Stück, ganz langsam. Streichle und küsse sie weiterhin.

GIB GUMMI

Da liegt sie nun in ihren wunderschönen Dessous und wartet auf Dich! Die schwarzen Strümpfe und die Strapse hat sie wahrscheinlich nur gekauft, um Dir zu gefallen. Sie bittet Dich zu ihr ins Bett und wirft Dir ein schmutziges Lächeln entgegen. Dann öffnen sich ihre Schenkel. Diese Frau ist der Wahnsinn. Du bist im Rausch. Es ist an der Zeit, Deinen Mann zu stehen!

Doch wenn Du weder Vater werden möchtest, noch irgendeine schlimme Krankheit von ihr bekommen willst, denke unbedingt an die nötige Panzerung für Deinen knallharten Kameraden! Das ist grundsätzlich sehr wichtig und in der heutigen Zeit unverzichtbar. Jetzt kannst Du Dich ihr voll und ganz hingeben. Vernasche sie und denke dabei nicht nur an Dich!

ETWAS ENDET, ETWAS BEGINNT

Du hast es tatsächlich geschafft, dieses unglaubliche Mädchen zu verführen. Ich kann es immer noch nicht glauben, das ist echt genial! Herzlichen Glückwunsch, mein Lieber! Millionen von Männern wollen so was endlich auch schaffen und träumen ihr Leben lang davon! Vor kurzem war das für Dich auch noch nicht mehr als eine Wunschvorstellung. Aber es ist wahr. Du bist ein richtiger Verführungskünstler geworden, der weiß, wie er süße Frauen ins Bett bekommt.

Doch wie geht es nach dieser Nacht weiter? Es liegt an Euch. Möchtest Du sie gerne wiedersehen? Dann sag es ihr unbedingt möglichst bald. Es kann sein, dass etwas ganz Besonderes aus Euch wird. Vielleicht war die Nacht aber auch nur was Einmaliges? Wie es auch immer weiter gehen mag: etwas Altes endet, etwas Neues beginnt!

ÜBUNG MACHT DEN MEISTER

ABFUHR? NA UND!

Die Damen antworten auf Deine Nachricht nicht oder sie schreiben Dir kaum, bevor sie den Kontakt abbrechen? Das ist blöd, sollte Dich aber nicht ernsthaft belasten. Du kennst diese Frauen noch nicht mal richtig und somit hast Du auch keinen engeren Bezug zu ihnen. Vielen Frauen fällt es schwer, jemandem einen Korb zu geben. Sie wollen ihr Gegenüber nicht kränken und hoffen, dass er alleine merkt, dass sie sich wirklich nicht mehr vorstellen kann. Frauen tendieren deshalb eher dazu, nicht gleich etwas zu sagen. Ein gekränktes Ego ist aber unnötig. Vergiss sie, lenke Dich von dem Moment ab und schreibe mit anderen Mädels. Es hilft nicht, mit Girls zu schreiben, die kein Interesse an Dir haben und Dich nicht ernsthaft kennen lernen wollen. Von denen gibt es viele, ich weiß. Blöder ist jedoch eine richtige Abfuhr. Du bekommst direkt ins Gesicht gesagt, dass es zwischen Euch nicht passt und die Chemie nicht stimmt. Der Funke springt bei ihr nicht über. Die Annäherungsversuche belästigen sie und das Häschen will nicht mit Dir in die Kiste, weil ihr das alles zu schnell geht und zu viel ist. Sie möchte Dich nicht wieder sehen. Du hast inzwischen bestimmt schon viele Körbe bekommen und Du wirst mit Sicherheit auch in Zukunft viele erhalten. Lasse Dich dabei nur nicht entmutigen! Gib nicht auf, auch wenn Du Dich dabei schlecht fühlst und am liebsten aufgeben würdest. Einen Korb zu bekommen, ist immer eine Enttäuschung, die einen kränkt.

EINEN KORB ERHALTEN

Wenn Du beispielsweise bei einem Date einem Korb bekommst, verhalte Dich ihr gegenüber trotzdem weiterhin normal und sei freundlich. Frauen sind meist nicht so direkt wie Männer und lassen sich nicht gleich etwas anmerken. Der Funke springt bei ihr halt nicht über. Du musst in dieser Situation runterkommen und es gelassen nehmen. Alles ist gut. Kontrolliere Deine Gedanken und Gefühle. Vergiss Selbstzweifel und Wut. Jeder Mensch hat eben andere Vorstellungen von einem Partner. Es ist doch gut, dass sie mit offenen Karten spielt und Dir nichts vormacht. Deshalb wegzulaufen oder sie zu beleidigen, kannst Du wirklich nicht bringen. Lasse Dir von Deiner Enttäuschung nichts anmerken und sage ihr ganz locker etwas wie „Dann hast Du halt Pech gehabt!" Sie wird erstaunt sein, wie cool Du in der Situation bleibst und somit hast Du ihren Respekt und Dein Gesicht nicht verloren. Die Welt dreht sich schöner Weise auch ohne sie weiter.

Diese Zurückweisung hat nichts mit Dir zu tun. Und soll Dein Selbstwertgefühl nicht angreifen. Es bedeutet nur, dass sie sich nicht auf Dich einlassen kann. Und das ist ihr Problem, nicht Deines. Ein Korb sollte motivieren, weiter zu machen und gegebenenfalls am eigenen Verhalten zu arbeiten. Körbe gehören zum Leben dazu. Wenn man jemanden kennenlernt, läuft man immer Gefahr, abgewiesen zu werden. Man muss nur lernen, damit richtig umzugehen. Im schlimmsten Fall wird das Interesse des Anderen nicht erwidert und man wird enttäuscht. Vielen hilft nach einem Korb, sich beim Sport mal so richtig auszupowern, autogenes Training, oder eine andere Entspannungsmethode. So kannst Du das Erlebte verarbeiten und schnell abhaken.

EINEN KORB GEBEN

Du merkst, dass sie immer mehr Interesse an Dir hat, musst ihr aber eine Absage erteilen, weil Du Dir nicht mehr vorstellen kannst? Vielleicht fällt es Dir schwer, sie enttäuschen zu müssen, aber es gibt Schlimmeres. Sie wird es akzeptieren und damit klarkommen, wenn Du es vernünftig rüberbringst. Sage es ihr am besten direkt nach dem Treffen und schaffe Klarheit, damit sie sich nicht in etwas verrennt. So was tut man immer persönlich und nicht per Kurznachricht. Wenn das nicht möglich ist per Telefonat. Einfühlungsvermögen ist dabei sehr wichtig, damit Du ihr nicht den kompletten Boden unter den Füßen entziehst. Sie kann dann damit abschließen und den Kopf wieder frei bekommen. Zeige Verständnis für ihre Situation und sei vorsichtig damit, Dich kritisch zu äußern. Auf keinen Fall darfst Du zu hart mit ihr umgehen. Sie ist immerhin ein sensibles Wesen. Du kannst sie mit den falschen Worten schnell verletzten.

Wahrscheinlich wirst Du selten einer Frau einen Korb geben. Meistens sind es die Frauen, die Absagen erteilen. Frauen sind einfach komplizierter und anspruchsvoller als Männer. Übrigens ist die Bedeutung dieser alten Redewendung hoch interessant. Sie hat ihren Ursprung im Mittelalter und verhieß nichts Gutes. Wenn Du Dich für die vielen alten Sprichwörter interessierst, die uns noch heute in unserem Alltag begleiten, solltest Du einfach mal ein wenig im Netz recherchieren. Es ist immer wieder unglaublich, wie diese alten Sprichwörter ihren Ursprung nahmen.

ARBEITE AN DIR

Lerne möglichst aus Deinen Fehlern. Vielleicht wird Dir nach dem Date oder nach dem Schreiben mit einem Mädchen klar, was Du falsch gemacht haben könntest. Meistens liegt es aber, wie bereits erwähnt, nicht an Dir, sondern an der Frau. An Dir liegt es definitiv, wenn Du sofort mit Sex anfängst. Diesen Fehler machen die meisten Männer immer wieder. Viele Frauen brechen den Kontakt deshalb ab. Zudem solltest Du sie nicht mit Nachrichten bombardieren und auch mal eine Zeit lang ohne eine Antwort auf Deine Nachricht leben können.

AKZEPTIERE DICH

Bedenke, dass es weder Traummann noch Traumfrau gibt. Es handelt sich hierbei immer um einen Traum, um eine reine Wunschvorstellung des idealen, perfekten Partners. Diesen Traum kann niemand erfüllen. Du musst deshalb also gar nicht erst versuchen perfekt zu sein. Du musst Dich weder verstellen noch mit Deinem Aussehen unzufrieden sein. Das Geheimnis Deiner Kraft soll es sein, Dich zu akzeptieren. Lebe in Zufriedenheit und innerer Ruhe, das ist das Wichtigste! Wenn Du Dich selbst akzeptiert, wird es Dir nämlich viel leichter fallen, positiv durch das Leben zu gehen. Du bist dann lockerer, offen für Neues und bereit für kleine Veränderungen. Du nimmst alles viel intensiver war und lernst, Dein Leben zu schätzen und vor allem, es zu genießen. Es fällt Dir leichter, auf fremde Menschen zuzugehen und weiter an Deiner Persönlichkeit zu arbeiten. Das Leben ist im Endeffekt nur ein Spiel. Du kannst gewinnen und verlieren!

GLAUBENSSÄTZE

Glaubenssätze sind persönliche Überzeugungen, die wir von uns und unserer Umwelt haben. Diese haben wir mit der Zeit bewusst oder unbewusst verinnerlicht. Sie sind weder positiv noch negativ und sollen einem dabei helfen, die eigenen Ziele zu erreichen und uns ermutigen. Diese Regeln beeinflussen unsere Sicht auf die Dinge. Sie wirken sich auf unser Verhalten und unsere Einstellung zum Leben aus. Diese Prinzipien helfen uns also, unseren eigenen Weg zu gehen und Informationen richtig einzuordnen.

Die meisten Glaubenssätze begleiten uns seit unserer frühen Kindheit. Wir übernehmen diese unbewusst von Eltern, Verwandten, Lehrern oder anderen Personen und verinnerlichen diese. Typische Leitregeln, die jeder kennt, sind zum Beispiel „Ohne Fleiß kein Preis" oder „Erst die Arbeit, dann das Vergnügen". Glaubenssätze können uns motivieren und aufbauen. Oder sie belasten und blockieren uns. Die oben genannten Beispiele können sich eher negativ bemerkbar machen, da sie einen leicht unter Druck setzten können. Überlege Dir also geeignete Leitlinien, die Dich bei Deinen Zielen unterstützen. Diese persönlichen Richtlinien bauen Dich auf und ermutigen Dich. Das könnten sein:

- Ich bin ein Gewinner
- Ich glaube an mich
- Ich schaffe das
- Das Leben ist ein Geschenk
- Die Welt gehört mir
- Morgen ist ein neuer Tag
- Etwas endet, etwas beginnt
- Nach dem Regen scheint die Sonne

DO YOUR THING

Nimm Dir endlich mal eine Auszeit. Lerne, nein zu sagen! Verabschiede Dich vom grauen Alltag mit seinen stressigen Terminen und den lästigen Verpflichtungen. Mache einfach blau! Lass Dich krankschreiben. Du brauchst unbedingt mal wieder Zeit. Zeit nur für Dich. Lerne, richtig zu entspannen und abzuschalten. Mache, worauf du schon lange Lust hast. Tue, was Du schon immer tun wolltest. Lache viel öfter als früher. Fange jetzt damit an und nicht erst irgendwann!

Feiere die längste und wildeste Party Deines Lebens. Gehe auf dieses hammergeile Festival und besuche endlich das Konzert Deiner Lieblingsband. Schaue Dir den neuen Film gleich am Donnerstag im Kino an. Kaufe die Karten für das große Fußballspiel. Mache diesen Tanzkurs, Frauen tanzen so gerne und lieben Männer, die sich bewegen können. Gehe in die moderne Kunstausstellung und besuche das neue Museum. Reise in fremde Länder und erlebe ihre faszinierenden Kulturen. Lerne eine neue Sprache. Mach am Wochenende kurze Trips in andere Städte. Wie wäre es mit einer Werksbesichtigung bei Volkswagen oder einer Führung mit anschließender Verkostung bei Holsten? Springe Fallschirm, probiere Wassersport, erlerne neue Sportarten, gehe mal spazieren. Gönne Dir auch mal einen Wellnesstag. Melde Dich zum Fotografiekurs an. Lies all die tollen Bücher, die Du immer schon lesen wolltest. Erschließe neue Gebiete, die Dich begeistern. Entdecke die Welt, lebe aktiv und bewusst. Nimm das Leben mit Humor. Einfach mal über eine komische Situation zu schmunzeln ist besser, als alles immer nur negativ zu sehen. Lachen ist gesund und ansteckend. Du solltest Dich selbst nicht so ernst nehmen. Mache mal etwas Verrücktes, Unvorhersehbares.

ABSOLUTE NO-GOS

Tauche zum Treffen nicht mit einer Begleitperson auf. Sage nichts zu ihrem Gewicht. Trinke nicht zu viel Alkohol. Du darfst die Frau auf keinen Fall irgendwie mit einem anderen Mädchen verwechseln. Das kann passieren, wenn man mit mehreren Frauen schreibt. Eine Verwechslung wirft aber nur lauter komische Fragen auf und Deine Erklärungsversuche werden nicht einfach. Es ist schon blöd, wenn man sich Namen, Alter, Wohnort, Hobby, Beruf etc. nicht merken kann. Vor allem, wenn es um grundlegende Sachen geht, oder Ihr kurz vor dem Date über etwas Wichtiges geschrieben habt, dass ihr viel bedeutet. Gucke beim Rendezvous keinen anderen Frauen hinterher. Vermeide Lügen. Versuche, immer ehrlich zu sein. Mache Dich nicht größer, wichtiger, interessanter als Du bist. Auf Dauer wird ein Lügenkonstrukt nämlich wie ein Kartenhaus einstürzen. Erzähle nicht gleich alles von Dir, denn Deine ganze Lebensgeschichte langweilt sie zu Tode und das Geheimnisvolle an Dir verschwindet. Höre ihr zu. Sei aufmerksam, konzentriere Dich auf sie. Verhalte Dich nicht unhöflich, indem Du Dein Phone checkst. Setzte Komplimente in Maßen ein und vermeide plumpe, übertriebene Sprüche.

Zu intime Fragen darfst Du am Anfang nicht stellen. „Wie viele Freunde hattest Du schon, wie viel verdienst Du?" Das ist zu privat für ein erstes Treffen. Außerdem solltest Du nicht über Deine Ex-Freundin und andere Leute lästern. Negative Stimmung und negative Gefühle kannst Du echt nicht gebrauchen. Zu viel Körperkontakt kann in die Hose gehen, wenn Du ihre Signale falsch deutest. Komme ihr langsam näher, wenn Du merkst, dass sie intensiven Blickkontakt und die Nähe zu Dir sucht. Ansonsten könnte sie sich unwohl fühlen. Schau ihr deshalb auch nicht zu offensichtlich in den Ausschnitt!

ÜBER DIESE GESELLSCHAFT

NOREIA - EIN HILFERUF

Noreia.
Meine Herrin.
Deine Schönheit überwältigt mich.
Ich stehe auf Deinem Boden.
Den ganzen Tag denke ich nur an Dich.

Bestimme mein Schicksal.
Herrsche über mein Leben.
Gib mir Deine Kraft.
Du bist mein Glück.
Was ich kann, will ich Dir geben.

Durch die Christianisierung starben unglaublich viele Religionen und Kulturen, deren Götter durch Bräuche, Rituale und Zeremonien verehrt wurden. Früher betete das Volk um eine gute Ernte, Glück, Gesundheit, Fruchtbarkeit und um Frieden. Die vorrömische Göttin Noreia verehren wir heute als Mutter Natur, die mit ihrem Reichtum unseren ganzen Schutz verdient. Moderne Religionen sollten die Menschheit vor der globalen, kapitalistischen Welt beschützen, in der ein einzelnes Menschenleben oder die ganze Bevölkerung armer Länder keinen Wert hat. Es geht um Einfluss, Macht, Geld, Kontrolle und Gewinnmaximierung. Internationale Konzerne verdrängen regionale Firmen. Noreia, gib uns unsere Identität zurück und geleite uns in ein neues Mittelalter voll kleiner Stadtstaaten, in denen ein Leben wieder lebenswert ist.

DIE CYBERGESELLSCHAFT

Während ich diese Zeilen verfasse, höre ich alte Dream Dance Compilations, trinke eine heiße Schokolade und befinde mich in einem Trance-artigen Geisteszustand. Ich sehe eine fremde Welt aus der Vogelperspektive, in der hilflose, fremdgesteuerte Menschen wie Ameisen erscheinen. Alle sind so klein und fast unsichtbar, so unwichtig. Nur in extrem großer Zahl haben sie eine Bedeutung. Nur so können sie ihre Rolle erfüllen. Denn alle laufen ihren Verpflichtungen hinterher und sind dabei Gefangene ihres armseligen Alltags. Viele von ihnen gehen zwar ihren Geschäften, aber auch ihren Zwängen nach. Es ist heute nicht selten, dass jemand permanent erreichbar sein muss, damit man keine Neuigkeiten oder wichtige Nachrichten verpasst. Damit man keinen Nachteil gegenüber anderen hat. Damit man mitreden kann. Es wird schnell zur Sucht. So sind Kommunikationsmittel und Unterhaltungselektronik bei übermäßiger Nutzung eine ernsthafte Bedrohung für die Gesundheit. Sie können krank und verrückt machen. Versuche also, kein Sklave der Technik zu werden. Dies schaffst Du leicht, indem Dein Leben abwechslungsreich ist und keine Zeit dafür bleibt, immer online verfügbar zu sein. Du bist der Herr über die Technik und nutzt sie gezielt für Deine Zwecke.

Es gab eine Zeit, in der das Medium Internet vollkommen neu und unbekannt für die Masse der normalen Bevölkerung war. Man musste sich mühevoll mit einem alten, piependen Modem bei AOL einwählen. Die Webseiten von damals kann heute jeder Achtklässler ohne große Probleme bauen. Und alles war schrecklich langsam. Für mich war es ein ganz besonderer Moment, als meine Tante mit mir das erste Mal in die virtuelle Welt des Internets eintauchte. 1996. Alles war fremd und neu. Faszinierend und aufregend. Ich habe damals angefangen, bewusst elektronische Musik wahrzunehmen und diese sofort mit der Technik verbunden. Trance und Acid passen perfekt in eine elektronische Welt. Der schnelle, rhythmische Euro Dance dieser Zeit ging genauso, wie der etwas langsamere, melodiöse Dream House in mein Blut über. Früher waren die Innenstädte noch voller kleiner Läden und größerer Geschäfte. Die Straßen waren gut besucht und überall herrschte großer Andrang. Das Leben fand offline statt. Wenn man etwas benötigte, kaufte man es vor Ort. Oder in einem Katalog, aus dem man Artikel bestellte. Mehr Möglichkeiten gab es nicht. Freunde traf man noch draußen, man verabredete sich regelmäßig.

Mit der Verbreitung des Internet entstand dann Anfang des 21. Jahrhunderts überall auf der Welt eine Struktur, die ungeahnte Auswirkungen auf uns hatte. Denn die Möglichkeiten des neuen Mediums kannten keine Grenzen. Die Folgen für unsere Gesellschaft sind somit gewaltig gewesen. Sie sind es immer noch und werden es auch in Zukunft sein. Heute möchte niemand freiwillig mehr auf das Internet mit all seinen Möglichkeiten und Angeboten verzichten, auch wenn es stark zu einer Digitalisierung der Welt beigetragen hat, die große Schatten wirft. Immer mehr Geräte werden über das Internet miteinander verbunden. So lässt sich der Nutzer bestens überwachen. Die Internetkultur wird täglich von Millionen Websites, Communitys und anderen Tools geprägt. Das Internet verdrängt zusehends klassische Medien wie Fernsehen, Radio, die Tageszeitungen und Bücher. Die klassischen Medien kommen nicht mehr ohne das Internet aus. Sie bieten ihre Inhalte längst auch online an. Das Netz beeinflusst das soziale Handeln der beteiligten Personen. Es bleibt dabei ein neutrales Gebilde, indem alle Nutzer gleich sind. Unabhängig von Unterscheidungsmerkmalen der realen Welt wie Alter, Herkunft, Hautfarbe, Religion, Einkommen oder Bildungsstand, hat hier jeder die selben Rechte und kann seine Meinung frei äußern. Die Kommunikation über das Internet ist so gesehen frei. Informationen sind im gesellschaftlichen Raum des

Internets schneller und günstiger verfügbar, als dies zuvor möglich war. Eine Zweiklassengesellschaft gibt es nicht. Die Internetkultur ist frei und unabhängig von Staaten oder Konzernen. Aktivisten können brisante Inhalte sofort hochladen und der ganzen Welt zeigen. Diktatoren können die Wahrheit nicht mehr einfach verschleiern, wie vor der Zeit des Internets. In der so genannten Cybergesellschaft ermöglichen die sozialen Plattformen den Austausch von Informationen. Deren Mitglieder können sich über wirklich alle denkbaren Themengebiete, Neigungen und Interessen unterhalten, informieren, ihre eigene Meinung kundtun und Erfahrungen austauschen. Kritische Themen der digitalen Welt sind nach wie vor Datenschutz und Meinungsfreiheit, die von den Politikern nicht immer akzeptiert werden. Communitys haben stets individuelle Schwerpunkte und Ausrichtungen. Bei der großen Community Wikipedia geht es beispielsweise weniger um die Chat-Funktionen, als darum, bestehende Artikel durch die Mitglieder aktuell halten zu lassen und neue Einträge zu verfassen. Social Media besteht zum Beispiel auch aus Voting-Communitys. Hier bewerten Nutzer dann Videos oder Bilder anderer Mitglieder und können einen Kommentar auf deren Seite hinterlassen.

Die meisten Dating-Plattformen sind kommerzielle Netzwerke, hinter denen ein auf Gewinnmaximierung strebendes Unternehmen steht. Die Mitglieder dieser Communitys zahlen für ihre Zugehörigkeit oder um bestimmte Funktionen des Anbieters nutzen zu können. Das kommt uns doch alles bekannt vor. Dienste wie Facebook integrieren offene Schnittstellen in ihr System, mit denen Drittanbieter dann arbeiten können, um so die Daten von Facebook für ihre eigenen Anwendungen nutzen zu können. Kostenpflichtige Apps füllen die Taschen der Entwickler. Mit etwas Wissen und Motivation kann jeder relativ einfach und ohne hohe Kosten der Öffentlichkeit seine nutzergenerierten Inhalte zur Verfügung stellen. Dies war in der realen

Welt nicht so leicht möglich. Viele User versuchen, sich mit ihrer eigenen Arbeit selbstständig zu machen und lassen sich von Firmen für ihre authentischen Fazits und Empfehlungen für bestimmte Produkte entlohnen.

Durch den Cyberspace finden Verabredungen oft nur noch online und nicht mehr im wirklichen Leben statt. Soziale Kontakte in der Realität bleiben bei hoher Nutzung aus. Die Entwicklung hin zum virtuellen Leben und die Schnelllebigkeit der heutigen Zeit, begünstigt durch die Verbreitung der Informationstechnologien, sind des Teufels neue Kleider. Die Medien verzerren zudem die Wirklichkeit und beeinflussen unsere Sicht auf die Dinge. Der Lügenmarsch des Marketings braucht täglich neue Akteure. Du musst die Gesellschaft verstehen. Dazu musst Du wissen, was die Menschen, Unternehmen und andere Strukturen bezwecken wollen. Warum verhalten sich Frauen so, wie sie es tun? Dann findest Du Deine Rolle und kannst sie überzeugend spielen. Im Cyberspace ist es nur eine Rolle. Du bist weit mehr, als diese Rolle. Deshalb braucht es auch mehr, als eine Anleitung, um Frauen zu verführen. Du musst das ganze System verstehen. Warum die so Dinge sind, wie sie sind. Spätestens dann hilft Dir das Handbuch, wenn Du noch keinen Erfolg hattest. Du musst immer weiter an Dir arbeiten und Dein Denken und Handeln ändern. Denn wenn es aus dem Cyberspace in die Realität geht, muss man spontan sein und Sie zum Lächeln bringen können. Die Situation wird unvorhersehbar. Beim Schreiben hast Du Zeit, Dir eine gute Antwort für sie zu überlegen. Wenn sie vor Dir sitzt, ist das ganze nicht mehr so leicht.

VERHALTENSUNTERSCHIEDE

Kehren wir noch einmal zum Anfang des Buches zurück. Wir kennen das Verlangen der Frauen nach starken Männern. Der Beschützer von damals gab seine schwere Last an uns modernen Männer weiter. Denn heute wird dominantes, aggressives, zerstörerisches Verhalten in der Gesellschaft nicht mehr toleriert. Seine Verhaltensweisen sind jedenfalls fest in uns verankert. Unser räumliches Vorstellungsvermögen ist deshalb wahrscheinlich besser, da sich unser Gehirn als Jäger anders entwickelte. Männer mussten sich bei der Wahl des Weibchens gegen viele andere Konkurrenten durchsetzen. Sie mussten ihren Rang in der Gruppe verteidigen. Dominanz und Aggression sitzen noch heute tief in uns. Während wir zu Gewalt neigen, sind die Waffen des zarten Geschlechts anderer Natur. Frauen sind aufgrund ihrer damaligen Rolle in der Gruppe noch heute kommunikativer und sozialer. Männer sind da oft eher Einzelgänger. Wir sind oberflächlicher und wollen unsere Gene möglichst weit streuen, während die Frauen sich fest binden und den Nachwuchs gemeinsam aufziehen wollen. Frauen sind mehr an den Menschen und weniger an irgendwelchen Dingen interessiert. Ihre sozialen Fähigkeiten sind wohl auch deshalb stärker ausgeprägt. Unser Verhalten wird bekanntermaßen durch unsere Umwelt, die Hormone und auch durch die Gene beeinflusst. Was letztendlich als attraktiv und weiblich oder männlich angesehen wird, bestimmt oft das soziale Umfeld.

Es gibt ja tatsächlich einige Männer, die auf künstliche Fingernägel, Silikon und gefärbte Haare stehen. Oder solche, die wirklich jede Frau nehmen. Lass sie noch so dick und hässlich sein. Egal, wie sie aussieht. Mann muss sich hocharbeiten? Auch ich als Jäger und Sammler vergleiche stets das Angebot, doch billig bedeutet nicht immer gut. Besonders wenn Mann etwas Ernsthaftes sucht.

GESCHLECHTERROLLEN

Gleichberechtigung und Unabhängigkeit. Akzeptanz und Toleranz. Durch die Frauenbewegung wurde die klassische Rolle der Frau in Frage gestellt. Auch wenn sich die typischen Positionen der Geschlechter in dieser Gesellschaft geändert haben und heute zum Teil verwaschen sind, wird das Verhalten von Frauen und Männern noch immer von der Evolution beeinflusst. Die Evolutionsgeschichte ist deutlich. Die Männer streiften bei der Jagd durch die Gegend. Die Frauen machten alles Andere. Sie waren in der Sippe zudem äußerst wertvoll, da nur sie Kinder zur Welt bringen konnten und so den Fortbestand der eigenen Gruppe sicherten. Dafür wurden sie oft verehrt und angebetet. In vielen Kulturen gibt es noch heute eine klare Arbeitsteilung, bei der Frauen vor allem in den Bereichen Erziehung, Bildung, Betreuung, Pflege und Versorgung tätig sind. Alle anderen Bereiche werden von Männern dominiert. Was macht Frauen attraktiv und weiblich? Wann ist ein Mann ein Mann? Diese Fragen beantwortet jede Epoche anders. Der jeweilige Zeitgeist bestimmt dies. So wie sich die Mode stets ändert, ändert sich auch der Zeitgeist. Er zeigt uns die Mentalität der Gesellschaft und ihrer Kultur zu einem bestimmten Zeitpunkt auf.

TYPISCHE EIGENSCHAFTEN (STEROTYPE)

MANN
- kantiges Gesicht, breite Schultern, Blick neutral
- groß, kräftig, aggressiv, dominant
- risikobereit, rational, kühl

FRAU
- weiches Gesicht, zarte Figur, Lächeln
- klein, schwach, fügsam, geduldig
- besonnen, einfühlsam, sensibel

DANKSAGUNG

Ja, was bleibt mir noch zu sagen? Keine leeren Worte, ich habe immer etwas zu sagen. Es gibt noch vieles, über das man schreiben kann. Aber in diesem Buch beziehen wir uns auf das Online-Dating und sind mit Tipps und Tricks bestens versorgt. Warum sollte man mit zusätzlichem, unnötigem Bla Bla Bla die Seiten fluten? Da trinke ich doch lieber einen Tee!

Ich habe bereits Ideen für weitere Bücher, doch finde ich je die nötige Zeit dafür? Wie wird die Geschichte meines Lebens weitergehen? Jetzt gerade möchte ich mich erst einmal bei Dir, verehrtem Leser, für Dein Interesse bedanken und hoffe, dass Du findest, was Du suchst, wenn Du es nicht bereits gefunden hast!

Ganz besonders herzlich bedanke ich mich aber bei meiner lieben Mutter, dem tollsten Menschen auf der Welt. Grüße an meine langjährigen Freunde und an all die Frauen, die mich nachts in meinen Träumen quälen!

ÜBER DIESES BUCH

Was Du hier liest entstammt den Tiefen meines Ichs. Als Quelle dafür gebe ich lediglich das Leben an. Denn die Erfahrungen, die wir in unserem Leben sammeln, machen uns zu dem, was wir sind. Doch nur Du allein bestimmst Dein eigenes Schicksal. Geh raus, triff Dich mit Freunden, macht zusammen Quatsch und entdeckt die Welt. Also: beseitige endlich die Leere in Dir!

Dieses Buch soll jedem Mann dabei helfen, die Frauenwelt zu verstehen und sich durch Rückschläge nicht länger entmutigen zu lassen. Es ist alles nur ein Spiel, gerade im Bereich des Online-Datings. Dessen muss man sich immer bewusst sein.

Hast Du Fragen zum Thema Dating? Möchtest Du ein persönliches Coaching vor Ort? Oder willst Du mir von einem Date berichten? Melde Dich doch einfach unter: *luciusmenke@t-online.de*

Titelbild: A. Guillem, 123RF
Foto: M. Schmidt, Hamburg

ÜBER DEN AUTOR

Lucius Menke. Jahrgang 1988. Geboren in Lüneburg. Nach der Ausbildung zum Kaufmann für Versicherungen und Finanzen bei einem großen Versicherungskonzern, holte er die Hochschulreife nach und arbeitete bei einer internationalen Bank in der Privatkundenbetreuung.

Seitdem er im Jahre 2005 das erste mal mit der Online-Community Knuddels.de in Berührung kam, verfolgt er mit Begeisterung den stets wachsenden Bereich der sozialen Plattformen und des Online-Datings. Damals begann sein Interesse für Mensch, Natur und Technik.

Lucius Menke ist seit seiner Jugend als Producer/DJ in vielen Bereichen der elektronischen Musik aktiv.